JN156682

「うつ病」が僕のアイデンティティだった

薬物依存というドロ沼からの生還

山口岩男

YUSABUL

序文

僕は2001年から2013年までの12年間、精神安定剤、睡眠剤、抗うつ剤などの精神薬を服用していた。ただの1日も休まず、12年間である。

2001年、弟が突然死したことがきっかけとなり心身に変調をきたし、受診した心療内科で「うつ病」「パニック障害」と診断され、精神薬を服用するようになって以来12年間で受診した医療機関は合計9軒。服用した精神薬は、実に35種類を数えた。その中には現在、危険だとされてほとんど処方されなくなったブロバリン、イソミタールといった古い睡眠剤や、覚せい剤に似た効能から乱用者が増えて問題になり、2007年10月にうつ病への使用が禁止されたリタリンなどの薬もある。

ありとあらゆる精神薬を体験した僕は、その「効能と副作用」を体全部で覚えている。そして、語れる自信がある。

2001年から2013年までの12年間、プロミュージシャンである僕は、緊張を紛わすために常に精神安定剤を口に放り込みながらステージに立っていた。

夜中に目を覚ました時に襲ってくる「将来に対する漠然とした不安」を過度に恐れ、自分の意識を失わせるように、毎晩睡眠剤とアルコールを併用してヘロヘロになって眠った。有名アーティストのサポートギタリストとしてステージに立っていた時も、NHK教育テレビにレギュラー出演していた時も、僕は常に、時には規定量を超える精神薬を飲み、虚ろな目でふらつきながら仕事をしていた。医師が言う通り、

「薬を飲み続ければ、きっとよくなる」

と信じて多量の精神薬を飲み続けた。一向によくならないうつ状態のなか、テンションを上げるために、ひたすら抗うつ剤を飲み続けたのだ。

薬物依存、というと、誰もが大麻や覚せい剤などのいわゆる「危ないドラッグ」をイメージするだろう。ここ数年、芸能界やスポーツ界の大物の逮捕が相次ぎ、薬物依存の恐ろしさについては、周知の通りである。

薬物依存に陥る可能性のある薬物には、これらの「違法な薬物」と、法の目を掻い潜っ

て取引される「合法ドラッグ」があることはみなさんもご存知だろう。しかし実際にはこの2つの他に「第3のドラッグ」とも言える薬物が存在する。それは製薬会社によって作られ、国が認めた医師によって処方される「精神薬」だ。

僕は、「治療のため」と信じてこれらの薬を飲み続け、量もどんどん増えて、翌日まで残った睡眠剤の作用で、何度も運転中に接触事故を起こした。最後には、ステージで手の指が震え、下を向くとよだれが垂れるまでになった。それに気づいた周囲の人の間で、「あいつ、ヤバイぞ」と噂が広がり、仕事に影響も出てきた。NHK教育テレビ「趣味悠々」にウクレレ講師として出演していた時も、僕はいつも精神安定剤を飲んで、時々フラついていたのだ。

当時は、日中も長期作用型の睡眠剤が残っていて、仕事をキャンセルしたり、約束の場所へ行かなかったりということが何度もあった。また、気分のアップダウンが激しく、イベント会場まで行ったのに気分が乗らず、演奏せずに帰ってしまったことさえある。テンションを上げる抗うつ剤を何種類も服用していた時期は、逆にテンションが上がりすぎてちょっとしたことで怒ってしまったりして、たくさんの人に迷惑をかけた。

そして12年の間には、2度も離婚して、いろんな人を巻き込んで多大な迷惑をかけてしまった。もちろんすべてが薬のせいではないが、薬を飲んでいなかったら…と思うこともたくさんある。精神薬に依存すると同時に、僕は酒にも依存するようになり、2008年2月、僕は24時間アルコールを切らすことができない「連続飲酒」に陥った。アルコール依存症、いわゆる「アル中」になってしまったのだ。

入院直前の1週間は、ほとんど何も食べずにアルコールと精神安定剤を胃に流し込み続け、胃液を吐き続けた。遂に2008年3月の深夜、ウイスキーと精神安定剤・デパスの大量摂取で酩酊し、騒ぎを起こし、警察経由で精神病院のアルコール病棟へ入院した。

2013年4月、精神薬の断薬を専門とする特異な医師・内海聡氏の講演を聞き、精神薬害の実態に衝撃を受け、僕は断薬に踏み切った。壮絶な禁断症状に苦しみながらも、断薬を継続し、一時は寝たきり状態だった体もどんどん回復してきた。それに伴って精神状態もよくなり、うつ症状もすっかり消え、深く眠れるようになった。

「抗うつ剤をやめてうつが治り、精神安定剤をやめて精神が安定し、睡眠剤をやめた方がよく眠れるようになった」とは、皮肉だが本当である。あのまま精神薬を飲み続けていたら、僕は生きていなかったかもしれない。実際に、危険な状態に陥ったことも何度かあった。生きていたとしても、元気になって、このような文章を書くことはとてもできなかっただろう。

僕は医者でも薬剤師でもないので、専門的な知識は専門書に譲り、淡々と体験したことを語ろうと思う。この本を手に取った方の多くは、自分自身か、家族の誰かが、精神薬依存の状態にある人ではないかと思う。僕自身、自分の体験を一部ブログなどでカミングアウトする中で、そのような相談をたくさん受けてきた。

精神薬をいくら飲んでもよくならない。それどころか、ますます悪化し、今は仕事もできなくなってしまった…などの相談である。そして彼らは決まってこう言うのだ。「薬をやめて元気になった岩男さんの話が聞きたいのです」と。

そして、僕は決心した。精神薬の依存にあった12年間の経験を包み隠さず書き記し、その体験をいま精神薬の依存に苦しむ人たちに伝えよう。そのような「負」の体験を明らかにすることで、エンターテイメント業界に身を置く以上、仕事に支障が出るかもしれないが、このまま黙っていたら僕が時に死を覚悟するまでにもがき苦しんだ12年が無駄になってしまう。

僕は幸いにして、精神薬依存から抜け出し、現在は健康で充実した毎日を送ることができている。薬でヘロヘロだったあの頃、こんな穏やかな日々が訪れるなんて、想像もできなかった。しかし、誰かが僕の口を開けて、無理やり精神薬や酒を飲ませたわけではなく、自分で心療内科の門をくぐり、薬局で自分の財布からお金を出して精神薬を「買って」、自分の手で自分の口に放り込んだのだ。そして、自分の意思でそれを飲み込み続けたのである。

この間に失ったものに想いを馳せると、あまりの大きさに今でも身震いがする。一度しかない貴重な人生の、なんと多くの時間を無駄にしたことか。この場を借りて、迷惑をかけてしまった多くの方にお詫びをしたいと思う。そしてこの本が、現在うつ病やパニック障害とされる心身の不調や、精神薬の依存に陥っている方々の回復の手助けになれば、と切に願う。

目次

第2章　薬とアルコールに溺れる日々

第3章 アルコールからの離脱 薬へのさらなる依存

第4章 薬との闘い

第1章

最初の薬

日本武道館

２００７年12月１日。僕は、東京・日本武道館のステージの上に立っていた。ミュージシャンなら、誰もが憧れる武道館。この日までに、僕は客として何十回もこの場所に足を運んでいたが、まさか自分がプロミュージシャンとして武道館のステージに立つ日が来るとは思わなかった。

自分のステージではなく、サポートミュージシャン的な立場で、しかもたった２曲だけだったが、ともかく武道館のステージに立ったのだ。武道館のステージで、ギターを弾いたのだ。23歳で音楽の世界に入った僕は、この時44歳になっていた。

この日は「アクト・アゲインスト・エイズ」という、エイズ撲滅キャンペーンのイベントで、僕はサザンオールスターズのベーシストである関口和之さんのソロプロジェクトのバンドメンバーとして、武道館のステージに立った。

この頃僕はウクレレ奏者として、小さなライブハウスやカフェなどで演奏することが多かったため、このような大きなステージで演奏するのは久しぶりで、ましてや１万人もの観客の前に立つのは初めてだった。

リハーサル。楽屋からステージまでの距離がやたら遠かったのを覚えている。ああ、かつてビートルズもレッド・ツェッペリンもディープ・パープルも、この道を歩いてステージに上がったんだ……と思うと、軽くめまいがした。

楽屋からステージまでの距離は、アーティストのランクなんだと改めて認識した。最近の僕は、控室からステージまではいつも数メートルで、控え室さえないことだって珍しくない。やっぱり、ステージまでは遠い方がいい。プロレスだって、リングに上がるまでの花道で、ひと盛り上がりするではないか。マウンドに上がるピッチャーだって、マウンドまでの距離をゆっくりと歩いていく間に歓声が上がる。僕も、いつもこんな大きなステージで演奏できたらいいな、と思った。

かつて武道館を夢見た、スリムなロックシンガーだった僕はこの時、80キロ台後半にまで太ってしまっていた。34インチのリーバイスに、歩きにくいトニーラマのウエスタンブーツ、そしてLサイズのアロハシャツという「デブに似合うファッション」で、重い体を引きずるようにヨロヨロとステージまでの長い通路を歩く。僕はステージに向かう前に、緊張を和らげるために医者から処方されている精神安定剤の「デパス」1ミリグラムを3錠、まとめて口に放り込んだ。まだリハーサルなのに、僕はすでに緊張していたのだ。

1ミリグラムのデパスを1回1錠1日3回と、頓服として精神安定剤の「セパゾン」を1ヶ月に10錠処方されていたが、頓服がなくなってしまうと、手持ちのデパスを自分で勝手に追加して飲んでしまうようになっていた。

医師の処方をきちんと守っていればよかったのだが、薬がだんだん効かなくなってくると同時に、このようにかなりルーズな飲み方をするようになってしまっていたのだ。そして気分のいい日には薬を減らして、その分を穴埋めして調整していたのである。

一方で、月によっては頓服を一度も使わないこともあり、日常的に多く飲んでいたわけではない。夏の間は比較的気分がよかったので薬は処方通りに飲み、頓服を使うことはほとんどなく、多く飲んでしまうのは毎年12月くらいから春先までの数ヶ月だった。

精神安定剤とは、つまるところ「全身の筋肉を弛緩させて、ボーっとさせる薬」だ。最近では肩こりなどにも処方される。デパスを口に入れて20分ほどすると、少し気分が緩んでくる。とはいえそれは、コップ1杯のビールにも及ばない。最初の頃はそれでもよかったが、僕はだんだん物足りなくなり、緊張が予想される場面ではいつも事前に1錠、口に放り込むようになっていた。しかし、次第にいくら飲んでもほとんど効き目を感じなくなり、プラスアルファでアルコールを口にするようになっていたのである。

デパスは処方薬だから、処方される量には限界がある。足りなくなって、デパスを大量に持っている知り合いに分けてもらったこともある。彼がどのようにしてたくさんのデパスを手に入れているのかは聞かなかったが、そのような輩は、実は珍しくない。

処方箋をカラーコピーして複数の薬局を廻って薬を手に入れるとか、ネット上で違法に販売されているという話はよく聞くが、実際のところはわからない。僕の場合は、日中体を使って疲れており、

「今日はよく眠れそうだな」

と思った時は夜のデパスを抜いて調整したり、通院は2週間に一度だったが、いつも数日

「前倒し」して受診して、数日分の薬を貯め込むという知恵もついていた。

たくさんのアーティストが出演するイベントだったので、サウンドチェックから本番まで3時間もあった。楽屋は多くの有名アーティストやバンドメンバーでごった返していて、ゆっくり座っている場所もない。居場所がないので、僕は散歩でもしてこようと思い、会場を出て靖国神社の方まで歩いていった。

靖国神社の参道には、屋台のような店が何軒かあった。僕はおでんを買って外のテーブルに座ったが、12月である。外で時間を潰すには寒すぎる。そこで僕はワンカップの熱燗を1本買った。いくら酒が好きといっても、昼間に、しかも演奏前に酒を飲んだことなどなかった。

しかし気がつけばここ数ヶ月は、演奏に限らず、緊張する場面や、心にストレスがかかる場面で、僕はすぐにアルコールを口にするようになっていた。例えば、こんな風だ。

作曲や編曲の作業中に、思うようにアイデアが浮かばない時。仕事の電話で、思うようにこちらの希望が伝わらずに電話を切った後。夫婦で口論した後。車を擦ってしまった後も、「ああ、やっちまった……」と、家に着くなり僕は缶ビールを開けた。

心にストレスがかかった時に、ちょっと精神安定剤の頓服を1錠…というパターンがそのままアルコールにも適用されるようになってしまったのだ。安定剤を飲んだ後であまり効き目を感じない時に、「続けて薬を飲むわけにはいかないし……」と薬を追加するように、缶ビールなどを飲んでしまうことが多かった。

当時は深刻に受け止めていなかったが、僕はこの時点ですでに立派な「精神薬依存」「アルコール依存」になっていたのだ。「心にかかった、ちょっとした負荷」に対して、薬やアルコールで対処しようとする。それこそが薬物依存者（アルコール依存者）の典型的な思考パターン、行動パターンなのである。

デパスはよく、「軽い安定剤だ」と言って処方されるが、たくさん飲んでしまえば「軽い薬ではなくなる」のは言うまでもない。精神安定剤は全身に作用する。脳の緊張が緩むと同時に全身が弛緩し、体の動きは緩慢になり、反応も鈍くなる。これはステージに立つミュージシャンにとって致命的なことだったが、僕はまだそのことに気がついてはいなかった。

それから数時間後、武道館での演奏は無事終わった。ステージに立っていたのはほんの10分程だったが、それは至福の時だった。僕は今でも、武道館のステージから見た客席を、ホール全体に響き渡る自分のギターの音を、ありありと思い出せる。少年の頃、僕が夢見ていたのはこんなステージで演奏することだった。いつも演奏するような小さなカフェやライブハウスでのステージは、僕の夢のリストにはなかったのだ。

しかしこの日からわずか3ヶ月後、僕はある騒ぎを起こしてしまう。2008年の3月11日の深夜0時過ぎ、デパスとウイスキーを大量に飲んで酩酊し、当時住んでいたマンションの7階のベランダを乗り越えて飛び降りる寸前のところを、駆けつけた警察官に保護されたのだ。パトカーだけでなく、マンションの下にはレスキュー隊の車がシートを広げていた。僕は両方から警官に腕を掴まれて、裸足のまま、警視庁武蔵野警察署に連れていかれたのである。

―弟の死―

2000年9月、ハワイでのこと。当時渋谷でウクレレ教室を持っていた僕は、生徒さん達と一緒にウクレレのイベントに出演するために、ハワイに来ていた。9月5日（現地）の早朝、ホテルの部屋の電話が鳴った。まだ朝の4時である。こんな時間になんだろう？

寝ぼけながら電話に出ると、留守を預かる当時の妻からだった。彼女は緊張した声で、僕の弟が亡くなったことを告げた。夜中、寝ている時に突然体を起こし、激しく咳き込んだあと意識がなくなり、そのまま救急車で運ばれて、搬送された病院で死亡が確認されたという。

僕は激しく動揺した。しばらく呆然とした後、枕に顔を押しつけて声を殺し、激しく嗚咽した。大人になって、こんな泣き方をしたのは初めてだった。柔らかすぎて好きではないホテルの枕が、この時ばかりはありがたかったことを覚えている。しばらく泣いて落ち着くと、僕はホテル1階の「ABCストア」に向かった。酒を買うためだ。ツアーはあと数日残っている。ここはハワイ。しかも、団体旅行だから、こういう場合、1人だけ先に帰るにはどうしたらいいのかもわからない。

まだ早朝でツアーデスクも空いていないし、誰にも相談できないので、あと何時間かはこの状態で1人で過ごすしかない。人生最大級のストレスが心にかかった僕の選択肢はただ1つ、「酒を飲むこと」だった。強い酒を飲んで意識を紛らわし、ひと眠りするしかなかったのだ。

僕が選んだのは、ホワイトラムのバカルディ・スペリオール。アルコール度数が40度もある、強烈な酒だ。こいつを流し込めば、しばらくは楽になれるだろう。僕は部屋に戻ると、グラスにそれを半分ほど注ぎ、一気に飲み干した。つまみはなく、水と交互にバカルディをチビチビとやり続けたが、いっこうに眠気は訪れず、僕はそのままツアーデスクが開く時間を待った。

―パニック障害を起こす―

それから数ヶ月。僕の体に異変が起き始めた。めまいや、胸が締めつけられるような感覚にたびたび襲われるようになったのである。それらはなんの前触れもなく、突然起こった。家にいる時に、突然「喉の奥から何かがせり上がって来る感覚」に襲われる。それはだんだんと上に上がって来て、頭蓋骨全体を締めつけてくる。変な表現だが、「口から掃除機を突っ込まれて、脳みそを吸われる感覚」というのがピッタリくる感じだ。

家にいる時は、少し水を飲み、深呼吸をしながらしばらくソファーで横になっていれば治った。困ったのは外でそれが起こった時だ。ある日、スーパーで買い物をしていた時に突然その感覚に襲われた。レジでお金を払っている、まさにその時だ。僕は顔をしかめながらお釣りを受け取ると、そのままその場に座り込んでしまった。「すぐ治りますから……大丈夫です」と店員さんに言い、レジの横に身を隠して、30秒ほど深呼吸をすると、発作は治まった。

胸の締めつけもたびたび起こるようになった。これも突然、心臓のあたりがきゅーっと強く締めつけられるのだ。これも例えれば、「心臓を掃除機で吸われている感じ」だ。水を飲んで深呼吸すればすぐに治るが、その度に「弟が、心臓が止まった時もこんな感じだったのかな。俺も弟みたいにこのまま死んじゃうのかな…」と強烈な不安に襲われた。

そしてある日、決定的なことが起こった。東名高速道路を運転していた時のことだ。僕は当時、東名川崎インターの近くに住んでいて、その日はコンサートのリハーサルのため、世田谷にあるスタジオに向かっていた。車線変更をしようとバックミラーを覗いたら、そこにトラックが映っていたので、僕は車線変更をためらった。

しかし、どうもおかしい。そのトラックがどれくらい後ろを走っているのか、正確に把握できない。なんか変だぞ、と思って周りを見渡すと、走っている車が次々と自分の車にぶつかってくるような恐怖を覚えた。気がつくと体がフワフワしてきて、自分が走っているスピードもわからない。

スピードメーターを見ると時速100キロ以上出ているのに、まるで20キロくらいでのんびり走っているような感じだ。初めて味わう不思議な感覚だった。自分が自分ではない感じ。しばらくすると、あの恐ろしい「胸の締めつけ」が襲ってきた。

恐れていたことが遂に起きたのだ。運転中の発作だ。僕は必死でハンドルを握りしめて、やっとの思いで料金所を抜けると、すぐに路肩に車を停めた。ミネラルウォーターを飲み、シートを倒して深呼吸を繰り返し、発作が治まるのを待ちながら、「もう限界だ、病院に行こう」と決心したのだった。

―「心療内科」との出会い―

幸いなことにその日の発作はその1度だけで、コンサートに向けたバンドでのリハーサルを無事終えて帰宅した僕は、早速ネットで医療機関を検索した。

僕はパソコンのブラウザに「めまい　胸の締めつけ　発作」と打ち込んだ。当時は今のようにインターネットが高速ではなく、しばらくすると、パソコンの画面に「パニック障害」「心療内科」などの結果がゆっくりと表示された。なんだ、パニック障害って？「パニック障害自己診断シート」というのがあったので、自分の症状を入力して見ると、ほとんどの項目があてはまった。こんな症状に該当すればパニック障害が疑われる、とある。

1、心臓がドキドキする（動悸・心拍数の増加）
2、汗が出る
3、からだが震える
4、息切れがしたり、息苦しさがある
5、のどに何かつまったような窒息感がある
6、胸の痛み、胸のあたりの不快感がある
7、吐き気、おなかのあたりの不快感がある
8、めまい、ふらつく感じ、気が遠くなる感じがする
9、今、起こっていることが現実でないような感じ、自分が自分でないような感じ（離人症状）がする
10、コントロールを失うこと、または気が狂ってしまうのではないかという恐れがある
11、このまま死んでしまうのではないかという恐れがある
12、からだの一部がジンジン、ビリビリとしびれる感じがする

13、寒気がする、または熱っぽく感じる

俺のことじゃないか！

……ほとんどがあてはまった僕は、「これはパニック障害というものに違いない」と確信した。様々なストレスが原因で、自律神経のバランスが崩れ、めまいや動悸などが起こる一時的な病気。いわゆる「心身症」みたいなものか。投薬治療で治る、と書いてある。さて、何科の医者にかかればいいのか？　さらに検索してみると、「心療内科」の領域のようだ。

精神科じゃないんだ、よかった。精神科に行くのはためらわれたが、心療内科と聞くとソフトなイメージがある。というわけで、僕は当時住んでいたところから一番近いところにある心療内科を受診することにした。

そこは、当時の家から車で5分ほどのところにあった、横浜市港北区の「A心療内科」という心療内科である。そして、最初に選んだ心療内科がここであったことが、その後の僕の人生を大きく変えることになる。治療の始まりは、僕にとってはそのあと12年にも渡

って続く、精神薬依存への始まりになったのだ。

当時の僕はいろんなストレスがかかって疲れていただけだろうと思う。しばらく仕事を休み、アルコールを控え、食事に気をつけてのんびりと過ごしていたらそれで治ったのではないか、と思う。

しかし僕には「うつ病」と「パニック障害」という立派な病名がつけられた。

─初めての診察─

初めての診察では、生まれてから現在に至るまでの経歴、家族関係などを聞かれた。そして、血液検査、心電図などの検査があった。ここのドクターはもともと内科医で、内科も併設されていたので、このような検査があったようだが、通常の心療内科ではフィジカルな検査などはまったく行わないところがほとんどだ。

カウンセラーによるカウンセリングがあり、「ロールシャッハ・テスト」（※注1）や、簡単な絵を描かされたりした。その絵とは、「まず一本の木を描いてください。そこにはどんな実がついていますか？」みたいなものだった。僕はそれがどうした、とばかりに投げやりにリンゴを描いた覚えがある。

診察の結果は、自己診断の通り、パニック障害。弟を心臓発作で亡くしたことがトラウマになり、胸の締めつけが起こるのだろうということで、それに関しては「そういうこともあるんだろうな」と思うしかなかった。心電図のグラフを見て、医者は僕にこう言った。

「あなたは音楽家だそうだね。作曲もするの？ ウチは音楽家の患者も結構いるんだよ。音楽家は感受性が豊かで繊細だ。繊細だからこそ、作曲も出来るが、その分ストレスを受けやすい。ほら、このグラフを見てごらん？ 安定してないよね？ こういう人は気分が安定しないから、生きていくのが大変なんだよ。普段から精神安定剤を使って、気分を安定させておくことが必要だ。症状が治まっても、通院は続けるように」

心電図で、そんなことがわかるのか？と一瞬思ったが、その思いはすぐに消えて、いつも気分が変わりやすいことを妻に責められていた僕は、自分を認めてもらったような気になっていた。そう、俺はアーティストだ。繊細で傷つきやすいのだ。気分が変わりやすく、自己中心的な性格に、免罪符をもらったようなものだった。カミさんにはいろいろ厳しいことばかり言われるけど、さすが、専門医は違うよな。芸術家というものをわかってる。持ち上げられたようで気分がよくなった僕は、この先生の言うことを聞いて、薬を飲み続けよう、と決心したのだった。

この日は、精神安定剤3種類と睡眠剤を出されて、初めての診察は終わった。この時出された薬はハッキリと覚えている。

ワイパックス（精神安定剤）0・5mg　1日3回
マイスリー（睡眠導入剤）1mg　就寝前
メイラックス（精神安定剤）1mg　就寝前
ソラナックス（精神安定剤）0・4mg　不安時

時々襲うめまいや胸の締めつけ以外は、特にひどい不安を感じるでもなく、眠れないわけでもなかったのだが、

「睡眠剤を飲んで、しっかり寝るように」

と言われて、「眠剤」が出された。精神安定剤はともかく、「睡眠剤」というと、自殺や犯罪に使われるというイメージがあり抵抗があったが、その日僕は医者に言われた通りに薬を飲んだ。初めての睡眠剤はよく効いて、夜トイレに起きた僕はフラついてトイレのドアにぶつかり転びそうになり、「ああ、これが睡眠剤なのか」と思ったことを覚えている。

※注1　投影法に分類される性格検査の代表的な方法の1つ。被験者にインクのしみを見せて何を想像するかを述べてもらい、その言語表現を分析することによって被験者の思考過程やその障害を推定するものである。スイスの精神科医ヘルマン・ロールシャッハによって1921年に考案された。

―薬を飲み始めて―

こうして僕は毎日朝昼晩と就寝前に、各種の精神薬を服用するようになった。確かに、しばらくするとパニック障害の症状は出なくなったので、

「薬が効いているんだな」

と思い、心療内科を受診してよかったと思ったものである。もう症状が出なくなった段階で薬をやめればよかったのだが、僕はそのまま薬を飲み続けた。しかも、ほどなくして、アルコールと併用するようになってしまった。

精神薬とアルコールの併用は極めて危険である。ではなぜ、精神薬とアルコールを僕は併用するようになってしまったのか、今分析してみると、こんな感じの思考の流れ（言いわけ）である。

1、どうしても…という時のために、「頓服」として別の精神安定剤が、30日に対して10

錠出されている。

2、「どうしても…」の基準は自分にあり、それは極めて曖昧なので、「どうしても」の回数が増えて、頓服が足りなくなる。

3、足りなくなった頓服をレギュラーの精神安定剤から「前借り」して飲んでいるうちに、数が合わなくなり、次の通院まで薬が持たなくなる。

4、通常の安定剤の「前借り」が嫌なので、頓服の安定剤の代わりに、「同じようなもんだろ…」と勝手に理屈をつけて少量の酒を飲む。

このような「勝手な理屈」を自分で展開して、納得していたのだろう。しかも、悪いことに、当時かかったA心療内科のY医師は、「酒を飲んだ後は、眠剤飲んじゃまずいんですよね?」と、いかにも「なんとか酒を飲めないか」という気持ち丸出しの質問に対して、「少しならいいよ」と答えてくれたのだ。

この「少し」というのが曲者で、結局はかなり飲んでしまい、そのまま眠ればいいものを、ベッドに入る前に習慣で眠剤を1錠、口に放り込んでしまうようになっていた。少し酒に酔った状態で眠剤を飲むと、やがて、フワフワとした酩酊状態が訪れる。この感覚の中でないと眠れなくなってしまうまで、さほど時間はかからなかった。

「どうしても、という時に…」「少しなら…」

という、極めて主観的で曖昧な基準が、「処方」という厳格なルールの中に入り込んでくることは極めて危険である。しかし、自分の気分は自分でしかわからないから、最終的には患者が自分の判断で「頓服」を飲むことになる。

パニック障害のように、明らかに発作が起きる事象に対して「頓服」は有効だと思うが、「発作が起きる前に、予防的に」とか、「ちょっと落ち込むことがあったから…」などという場合に自分の判断で安易に頓服を服用していると、このようになるケースは少なくないと思う。そして、酒が好きで、ちょっと何かあると飲んでしまう僕のようなタイプに「頓服薬」は、危険なツールだった。

―記憶障害が出始める―

問題が起き始めた。

アルコールと眠剤を併用した状態での記憶が飛ぶようになってきたのである。眠剤を飲んだ後に、たびたび飲酒するようになってしまった頃から、友人やウクレレの生徒さんなどに変なメールを送るようになった。翌朝、友人から、

「昨日、変なメールもらったけど、あれは一体何なの?」

というメールが入る。メールした覚えがまったくないので、慌てて「送信済みフォルダ」を開いてみると、支離滅裂な内容がびっしりと書いてある。どう考えても、書くのに1時間はかかるような内容だ。

時には、相手を非難するようなメールを送ることもあった。しかし、まったく覚えていないのだ。翌日、慌てて電話して、昨日は酒に酔って変なメールを送ってしまって…と詫

びを入れるのだが、このようなメールを送った相手からは、距離を置かれてしまうことになってしまった。

もう1つ、困ったことが起きてきた。朝、目を覚ましてメールをチェックすると、オークションサイトから「現在の最高額入札者です！」というメールが入っている。え、なにこれ？　と思ってメールを開くと、100万円くらいするヴィンテージギターに入札しているのだ。青くなって取り消し手続きをしてことなきを得るのだが、こんなことがたびたび起こるようになってしまった。

この頃の飲み方は、食事時に350㎖の缶ビールを1本。その後、焼酎を氷と水で割って3杯くらい、である。記憶をなくすほど泥酔するような量ではない。問題は、その後の睡眠剤だ。この頃使っていた睡眠剤はマイスリー（1㎎）を就寝前に1錠。ある程度酔っているのだから眠剤を飲まなくてもいいのだが、なんとなく毎晩必ず飲んでしまうのだ。薬袋にも「就寝前に1錠」と書いてあり、眠剤は日数分出ている。

眠剤を飲んですぐに寝てしまえばいいのだが、眠剤を使った場合、寝るタイミングを逃してしまうと、なかなか眠れなくなり、ベッドの上でしばらくパソコンなどに向かっていると、その間の記憶が飛んでしまうことがあるのだ。

ビックリするくらい、何も覚えていないのである。普通に会話もできているのに記憶がまったくないのだ。もちろん、「眠剤と酒を一緒にやったせいだ」とわかってはいた。それならば、すぐにそういうことはやめるべきなのだが、特に問題なく記憶もあって、熟睡できて気分がいい日もあるので、なかなか改めることができなくなっていた。

―パニック症状は消えても、薬を継続した―

最初に診察を受けて投薬治療を開始して1年。もう通院のきっかけとなった「めまい、胸の締めつけ」といったパニック症状はまったく起こらなくなっていた。もう症状は出なくなっていたのだが、僕は医者に言われるまま、2週間に一度通院して薬を出してもらっていた。最初の診察で医者にこう言われていたからだ。

「山口さん、あなたみたいな人は一生薬を飲まなきゃいけないんだよ。一時的によくなっても、必ずまた症状が出てくるから、常に薬で押さえておかなければならない。薬は飲み続けるように…」

そうは言われても、特に症状がないのだから、ここで通院をやめてもよかったのだが、この頃僕は、精神安定剤を忘れて出かけると、薬を取りに、わざわざ何駅も電車で家に戻るようになっていた。そう、精神的にもすっかり薬の存在に依存するようになっていたのである。

―最初の離婚―

2002年、僕は東急田園都市線の「宮崎台駅」近くのマンションに引っ越した。最初のクリニックが少し遠くなったので、同じ薬を出してもらうだけなら、近くで他のところを探そうかな、とネットで検索して別の心療内科に通い始めたのである。

通院を始めて数カ月でパニック症状はすっかり消えて、仕事も順調にこなしていた。2003年には、当時所属していた事務所をやめ、マネージャーと一緒に会社を立ち上げた。アーティスト兼社長になったのだ。

ウクレレ・アーティストとしてレコード会社と契約し、毎年1枚アルバムを制作していたが、独立して僕の会社に制作費が直接入ってくるようになった。すっかりCDが売れなくなってしまった今とは違い、当時はアルバム1枚作るのに、レコード会社からちょっとした高級車が1台買えるくらいの制作費をもらっていたのである。

独立したことで、僕のギャラはすべて自分の会社に入るようになり、僕は会社から毎月役員報酬を受け取ることになった。会社の経費も使えるし、僕個人に入ってくる作詞作曲の印税もある。僕の経済状況は格段によくなった。渋谷からひと駅の池尻大橋駅近くに事務所を構え、経理は税理士に任せ、僕はすっかり社長気分になっていた。

ある日、妻がポツリとこんなことを言った。

「私たち、ちょっとした小金持ちになったね！」

車はBMWを購入し、数十万円くらいの買い物はいつでも自由にできるくらいの経済状態になっていた。それに伴って食い道楽に拍車がかかり、毎晩のように美味しいものを食べて、酒を飲む日々。妻に内緒で、女友達ともたびたび飲みに行くようになった。仕事はどんどん忙しくなり、金も入るようになった。パニック症状もなく、特にうつ症状もなかったが、通院を続けて、精神薬は飲み続けていた。精神安定剤を飲み続けていなければ、またパニック発作が出るかもしれない。そして、そのまま心臓が止まって、死んでしまうかもしれない。僕は忙しく仕事をしながら、同時にいつもそんな不安に苛まれていた。

独立した頃は、パニック症状の発作が起きた時に飲む精神安定剤・ソラナックスをいつもカバンの中に何錠か入れて出かけていた。違うカバンで出かけたりして薬を忘れた時は、まさに「パニック」になった。それだけで不安でいっぱいになるのである。これでは、本末転倒である。僕は2軒目のクリニックでこんなことを言われた。

「精神安定剤はお守りみたいなものだからね。持っているだけで心が落ち着くということもあるから、いつも肌身離さず持っているようにしてくださいね」

その言葉をきっちり守った僕は、財布や携帯電話は忘れても、薬だけは忘れないようになっていたのである。

すべては順調に見えていたが、夫婦仲は悪くなっていった。僕たち夫婦は、10代の頃に出会い、長いつき合いの後に結婚した。結婚した頃はすでに友達のような関係であり、それが子供を持たなかった理由の1つかもしれない。仲の良い夫婦ではあったが、長いつき合いの中で遠慮がなくなり、激しくぶつかり合うことも多くなっていた。

ミュージシャンというのは、自宅で行う仕事がたくさんある。作曲や編曲はもちろんのこと、レコーディングやコンサートの前には膨大な譜面書きがあるし、レッスンの資料作りや、この頃はウクレレの教則DVDの仕事もたくさんこなしていたので、それらの譜面作りもある。レコーディングの前にはデモ音源を作らなければならないし、日々の練習もしなければならない。すべて1人で行う孤独な作業だ。

狭い自分の仕事部屋はあったが、激しく口論した後に部屋にこもって「さあ、ハワイに行きたくなるような、爽やかな曲を書こう」とウクレレを抱えても、ドアの向こうにケンカの相手がいてはまったく気分が乗らない。僕はこんな時、パソコンと楽器を抱えて、家を出た。ホテルで仕事をするためだ。

家の近所にもビジネスホテルはあったが、泊まるのはいつも渋谷や横浜だった。生活圏から離れないと、日常の気分を引きずってしまうからだ。逆に妻が家を出て、数日帰ってこないこともあった。若い頃、あんなにいつも一緒にいたかった2人が、いつの間にかそれぞれ1人の方が快適になっていた。一緒に過ごすために、あらゆる努力をした若き日の2人が、今は別々に過ごすために金と労力を使っている。虚しかった。そしてある日、彼女はマンションを出ていき、2度と帰ってこなかったのである。

2003年の12月。僕たち夫婦はまた何かのことで口論になり、妻は必要最低限のものをバッグに入れると、そのままマンションを出て行った。些細なことが原因で、よくあることだったので「2、3日で帰ってくるだろう」と思っていたが、そのまま数週間が過ぎて、とうとう大晦日になってしまった。

「今回は、もう帰ってこないかもしれないな……」

僕はそう思いながら、残された2匹の猫と一緒に、酒を飲みながらテレビを見ていた。紅白歌合戦の裏で、曙とボブ・サップの試合をやっていたのだ。試合は、曙があっという間にKOされてあっけなく終わった。僕は焼酎の水割りと睡眠剤を併用してぼおっとしながら、マットに突っ伏した情けない曙の姿をテレビで見ていた。

それは太り始めていた自分の姿と重なるものがあった。実際に数年後、僕はぶくぶくに太り、酒と薬漬けになり、こんな風に倒れて動けなくなってしまう。曙を倒したのはボブ・サップで、僕を倒したのは酒と薬と孤独だったが。

─顔面麻痺─

妻が家を出て、しばらくしたある日、僕は免許証の期限が切れていることに気がついた。僕の誕生日は9月だが、もう2月になっていた。なんと、4ヶ月も免許が切れたまま毎日のように運転していたのである。9月くらいから生活が荒れ始めていたのだろう。酒と薬の併用によって、たびたび約束を忘れたりし始めていたので、こうした手続きなども忘れるようになっていたのかもしれない。

この頃は、これらの物忘れが精神薬の副作用だとは思わなかった。2月のある日、妻から郵便で離婚届が届いた。僕は離婚までは考えていなかったのでしばらく放っておいたが、ある日思い立ったように残りを記入して、川崎の宮前区役所に出しに行った。10代、20代、30代と、人生の春から夏を共に過ごした大切な妻との結婚は、こうしてあっけなく終わった。

冬場はウクレレ、ハワイアン関係のイベント、コンサートなどはほとんどなく、逆に夏に向けてリリースするアルバムの制作準備など、自宅作業で忙しくなる。7月に発売するアルバムの曲作り、3月に収録するウクレレ教則DVDの準備と、家にこもりっきりながら、やることは山積していた。

食事はコンビニ中心になり、夜は夕食時から酒を飲んで、夜の作業はワインなどをチビチビやりながら行う。毎日3回の精神安定剤は欠かさず、寝る前はマイスリーを1錠。食が乱れ始め、酒量も増えた。僕は妻が出て行った12月から3月までの間、誰にも会わずにマンションにこもりっきりで過ごした。そして3月のある日、体に異変が起きた。


朝起きて洗面台に向かうと、右のほっぺたが腫れ上がって垂れ下がっている。あれ、どうしたんだろう？　触ってみると、まったく感触がない。まるで殴られたような、ひどい顔だ。ほっぺたに引っ張られるように、右の目も垂れ下がってしまっている。外を歩くのもためらうほど、ひどい顔になっていた。

ここで僕は我に返った。待てよ、明日はDVDの収録だぞ！　この顔じゃ、撮影なんかとても無理だ。僕はすぐに近くの皮膚科に飛び込んだ。医者は、僕の顔をまじまじと見て、首やほっぺたを何度も触ってこう言った。

「これは、もしかして、ちょっと厄介なことになっているかもしれません。顔面麻痺、かもしれない。ここじゃわからないので、大学病院を紹介しますから、すぐに行ってください」

が、がんめんまひ⁉　僕はすぐに、ずいぶん前にテレビで見た、ビートたけしの記者会見を思い出した。バイク事故で大怪我をし、記者会見で顔面麻痺で変形した顔を晒して「これからは、これが俺の顔だ」と見栄を切った衝撃の記者会見を、である。

あれにはショックを受けたものだが、あれと同じ顔面麻痺なのか⁉　確かに、僕の顔はあの時のビートたけしの顔の変わり方によく似ていた。僕はかなり動揺しながら、よろよろと紹介された帝京大学付属病院に向かった。

診断の結果は、ヘルペスウィルスによる顔面神経麻痺。体内に常在しているヘルペスウィルスが、抵抗力が落ちたために活性化して悪さをしているのだろう、ということだった。そうだよなぁ、いきなり奥さんが出て行ってもう数ヶ月。コンビニ食に、酒に薬だ。抵抗力も相当落ちているんだろうなぁ。しかし、困ったことに、翌日は顔が映り、しかもそれがずっと残る仕事があった。

「先生、実は僕、明日仕事でＤＶＤの撮影があるんです。この顔ではとても撮影できない。明日だけでも、なんとかなりませんか？」

と僕は悲痛な表情で訴えた。ディレクター、カメラマン、スタジオと、全員の都合をやっと合わせて設定した撮影日だ。とてもじゃないが、前日にキャンセルなんてできない。

「……そういう事情なら、あんまり使いたくない薬だけど、強いステロイドの錠剤を１錠だけ出しておきます。明日の朝起きて、まだ麻痺が残っているようだったら、これを飲んでください。とても強い薬なので、１錠しか出せませんが」

ステロイドの害については聞いたことがある。こんな状況なのに１錠しか出せないということは、相当ヤバい薬なんだろうと思ったが、僕はこれで「助かった」と思った。明日の朝までなんて、待っちゃいられない。僕は薬局で薬をもらうと、すぐに水でステロイドの錠剤を流し込んだ。翌朝起きて、恐る恐る鏡を見てみると、嘘のように顔面麻痺は治っていた。しかし、この頃から、僕の体は精神薬で徐々にダメージを受け始めていたのだ。次に悪くなってきたのは「歯」だった。

僕は、子供の頃から歯は丈夫な方だった。小学校高学年の時に、全校集会で「虫歯のない子」として表彰されたこともある。1学年250人くらいだったから、全校児童約1500人中、たった2人！である。もう1人は、従兄弟（父の兄の子供）だったから、親父は「うちは、歯が丈夫な家系だ」と嬉しそうだったのを覚えている。父親もまた、歯が丈夫だった。

「虫歯のない子」は大人になってもそのままで、20代で親知らずを抜くまで、歯医者にかかったことはなかった。それが妻が出て行った数ヶ月後に顔面麻痺になり、その後しばらくして歯に痛みを覚えて歯医者に行ったら、虫歯が数本出来ていた。40過ぎまで虫歯になったことがなかったのだ。

酒飲みだから甘いものは好きではなかったし、歯磨きも電動歯ブラシできっちり行なっていたくらいだから、まさか虫歯になるとは思っていなかった。40過ぎると、多少歯が弱ってくることもあるとは思うが、この時期、急に虫歯が増えたのである。この頃は、まさか精神薬の影響で歯が悪くなるとは思いもしなかったが、それからずいぶん経ってから、精神薬が歯に及ぼす害を訴える歯科医師が書いた本に出会い、それを知ることになる。

―ここまで感じた精神薬の副作用のまとめ―

精神薬を飲み始めた2001年から、この2004年までの4年間で僕が「精神薬の影響ではないか？」と思われる症状と出来事をここでまとめておきたい。もちろん、アルコール、離婚によるストレスや、ちょうど40歳に差しかかった時期であり、年齢的な要素もあるだろうが、僕としてはその後調べた資料などから、薬の影響が大きいと思っている事柄である。

1、前夜の記憶がなくなる
2、約束を忘れる

3、いつも体がだるい
4、口が渇く
5、口内炎ができやすくなる
6、目が乾く
7、視力が落ちる
8、時々ふらつく
9、味の濃いものを好むようになる
10、甘いものを好むようになる
11、虫歯ができる
12、ヘルペスウィルスによる顔面神経麻痺

ざっと思い出しただけでもこれだけある。すべてが精神薬のせいだとは言い切れないが、これらの症状は間違いなく、精神薬を飲み始めて3、4年目から出現してきたものである。僕の場合、アルコールと同時に摂取していたという事情はあるが、２００８年に断酒した後もこのような症状が続いていたことをつけ加えておきたい。

―最初の妻とのやり直し―

離婚後数ヶ月は1人で暮らしていたが、僕はもう一度妻とやり直したい、と強く願うようになっていた。決定的な離婚の原因があったわけでもなく、うまく行かなくなっていたとはいえ、僕は離婚したいとまでは思っていなかったからだ。可愛がっていた2匹の猫の存在も大きかった。彼女はひとまず猫を置いたまま出て行ってしまったが、数ヶ月後に僕が留守中に猫を連れて行っていた。

妻が家を出て3ヶ月後、電話とメールで何度も妻と話し合って、もう一度やり直してみよう、ということになり、先に妻が1人暮らしを始めていた東京郊外の三鷹市にマンションを借りて再び僕らは一緒に住み始めた。もう籍は抜けていたので、形式上は単なる同居である。三鷹駅のある中央線沿線は僕が大学時代を過ごしたところであり、20年ぶりにこの沿線に住むのはやり直しにはふさわしいように思えた。

引っ越しに伴い、僕は通院先を変えた。吉祥寺にあるBというメンタルクリニックである。通院先を決めるのは、やはりネット検索である。ここは駅から近いし、待合室もきれいに写っていた。電話で問い合わせて、初診の予約が取れたのが2週間後くらいだったろうか。心療内科の場合、診察に時間のかかる初診の予約はなかなか取れないことが多い。9軒の心療内科を受診した経験上、初診の予約が取れるのは2週間後から1ヶ月後くらいである。人気のクリニックだと、初診の予約が取れるのは数ヶ月から半年後というところも珍しくない。初診は詳細なアンケートや、子供の頃から現在までの話などをして、平均30~40分くらい。血液検査や心電図などを取る場合もあるが、僕の場合だと、

血液検査を行ったクリニック　9軒中3件
心電図検査を行ったクリニック　9軒中1件
カウンセラーによるカウンセリング　9軒中2件

だった。ほとんどは、医者本人による問診だけで、体温測定や、胸や喉を見せるような、通常の病院で行うような診察は一切なかった。

このBクリニックでは、院長の問診の他に、別室でカウンセラーによるカウンセリングが行われた。カウンセラーは院長の奥さんだった。50分ほど、ただ聞かれたことに答えるだけだが、内容はどんな家庭に育ったとか、現在までの経歴とか極めて一般的なもので、精神疾患に直接繋がるような話でもなく、まるでバイトの面接を受けているような感じだった。

保険が効かないので、50分話をしただけで8千円。僕が若い頃にやっていた肉体労働のアルバイトが丸1日クタクタになって7千円だったから、ずいぶん楽な仕事してんな、コイツらは…と思ったものである。

ここでも、「今、どんな薬を飲んでいますか？」と聞かれて、答えた薬がそのまま処方された。3軒目の心療内科だったが、薬はずっと変わらず、である。こんなんだったら、直接薬局で買えれば安く済むのにな、と思ったことを覚えている。

三鷹に引っ越した2004年は、とにかく忙しかった。ウクレレの教則DVDと、2枚のオリジナルアルバムをリリース、コンサートの規模も大きくなっていた。グループレッスンの生徒さんも、全体で100名くらいの規模に膨れ上がり、ラジオのレギュラー番組も始まり、「ウクレレプレイヤーＩＷＡＯ」としての忙しさは頂点に達していた。会社の売り上げが伸びて、忙しさもあるレベルを超えてくると、今度はマネージャーとの関係がギクシャクしてきた。

会社を作ったとはいえ、マネージャーと僕と2人だけの会社で、会社のメインの収入はレコード会社からのアルバム制作費と、マネージャーが同行しないウクレレレッスンである。曲を作り、ライブをやり、レッスンをやり…と稼動して売り上げを持ってくるのは僕だけで、現場のない時、マネージャーは営業に出るわけでもなく、ずっと事務所にいる。もっとも、売れっ子だったこの頃は、営業などする必要はまったくなかったのだが。売り上げは役員報酬として分けているから、「俺ばかりが働いて…」という気分になってくる。

「…岩男くん、離婚したんだって？」

ある日、久しぶりに会った業界関係者から言われて驚いた。なんでこの人がそんなことを知ってるんだ!? 離婚したことは、ごく親しい友人とマネージャーの他には誰にも話していなかったのに。離婚した妻とまた一緒に住んでいるというのも体裁が悪かったし、離婚したことは周りには言わないままでいて、いずれは妻と復縁したいと思うようになっていたからだ。

「えっ? 内緒にしてたんですが…いったい誰に聞いたんですか?」

「マネージャーの○○さんに聞いたよ」と、彼は答えた。

黙っててくれと言った覚えはないが、何も言いふらすことはないだろう。僕はカッーと頭に血が上った。マネージャーが、そんなに親しくもない仕事上のつき合いの人間に、なぜ一緒に仕事をしているアーティストのプライベートなことを話すんだ。僕は激怒した。その夜、かなり酔っ払っていた僕は、彼に対する怒りが込み上げてきて、夜中に電話をして怒りをぶつけた。

「○○さん、俺が離婚したことを言いふらしてるだろ？」

そのまま勢いがついた僕は、あらゆる罵詈雑言で彼を罵倒した。彼に対する仕事上での今までの不満を、ここぞとばかりにすべてぶつけたのだ。この日も僕は、アルコールと精神薬を併用していた。

翌日、記憶はかなり飛んでしまっていたが、まだ気持ちは高ぶっていた。午前中いっぱいかけて、彼に長いメールを書いた。会社を辞めたい、という内容だった。自分の会社なのに辞めるというのも変な話だが、他にうまい言い方も見当たらなかった。とにかく、もう彼に合わせる顔がなかったのだ。昨夜、何を言ったかはよく覚えていない。しかし、

「もうあんたとは仕事はしたくない」

ようなことを、彼に一方的にぶちまけたことだけは確かだった。一晩経っても、強烈な「後味の悪さ」だけはしっかりと残っていた。しかし僕が選んだのは、彼に謝ることではなく、

彼との関係を断つことだった。最悪の結末だった。

その後、彼と会ったことはない。音楽イベントの現場で一度見かけたが、声をかけることはできなかった。彼が僕にしてくれた多くのことがあったのに、たった一言にキレて、僕はすべてを壊してしまった。本当に申し訳なかったと今は思っている。あの後味の悪さは、今も残ったままだ。僕より15歳年上だった彼は、もうそろそろ70歳になるはずだ。今も元気で、音楽業界にいるのだろうか。

2005年が明けてまもなく、僕はせっかく立ち上げた会社を彼に譲り、フリーのミュージシャンに戻った。会社はほんの2年しかもたず、僕は資本金や立ち上げ資金を考えると500万円ほどをドブに捨てたことになる。この頃から「ウクレレ・バブル」に乗った僕の転落が始まっていたのだ。

最初の妻との話に戻る。やり直そう！　と、固い意志の元に再び暮らし始めた2人であったが、しばらくするとまたぶつかることが増えてきた。やはり、一度は離婚までしたわけだから、やり直すのは難しかったのだ。結局僕は再び飲み歩くようになり、彼女も外出しがちになり、ただの同居人のような関係になってしまった。そして僕は、グループレッスンの生徒さんの1人の女性と、親しい関係になってしまっていた。

—再び、妻が家を出て行く—

2006年6月のある日、その女性とのことがバレて、妻は再び家を出て行った。修羅場である。やり直そう、と再び暮らし始めてから2年と3ヶ月目のことである。彼女が家を出て数日後、銀行に行った僕は、信じられない光景を目にした。僕の預金通帳の数字がマイナスになっていたのである！　ゼロではない。マイナスである。マイナス数百万になっていた。彼女は、僕の通帳からすべての現金を引き下ろし、定期預金を担保に借り入れをして出て行ってしまったのだ。再び同居したものの、あっという間にギクシャクしていた僕らの関係の結末は、離婚した時よりも遥かに悲惨な結末になった。

僕は、結婚時代と同様に、お金の管理は再びすべて妻に任せていて一切タッチしていなかったので、家にいくらお金があるかもまったく把握していなかった。買い物はほとんどカードで、出かける時に必要な現金はその都度、妻からもらっていた。自分の通帳は妻に再び渡してしまっており、自分がいくらお金を持っているのかも、まったくわかっていなかった。

慌てた僕は銀行に行き、定期預金を解約して自分の口座に入れて、残高をゼロにした。そもそも、定期預金があったことも知らなかったくらいだ。そこでふと、気がついた。定期預金にあった金額は、マイナス残高とぴったり同じ。定期預金にある金額分をそのまま担保にして、ネットバンキングで借り入れできるシステムだったのだ。

「あれっ⁉　これって……もしかして、俺って、一文無しになっちゃったの？」

そうなのである。この時点で僕は、会社はなくなり、妻は僕の全財産を持って出て行き、本当に一文無しになってしまったのである。ほんの2年ほど前まで「小金持ちになったね」などと呑気なことを言っていたのが嘘のようだ。マンションの駐車場にはBMWがあり、部屋には高価なヴィンテージギターが並んでいたが、現金は本当にゼロになってしまった。

相変わらず仕事はたくさんこなしていたので、少し待てば入ってくるお金はあったが、当面の生活費や家賃に困る。さて、どうしようか……。この時僕は、インターネットのオークションで利用するために、ネットの銀行に口座を持っていた。もしかして、少し入っていたかも！　と思い、残高を見てみると、9万円入っていた。全財産、9万円。僕はホッと胸をなでおろした。25歳でプロの世界に入り、さほど売れたわけでもなく、波はあったが、幸いなことにこの歳までお金に困ったことはなかった。それがまさか、42歳で全財産9万円になってしまうとは。

「俺の人生、これからいったいどう転がって行くのだろう……」

と、僕はまた酒をあおり、精神安定剤を口に放り込んだのだった。

最初の妻とはそれ以来、会っていない。家を出て、その後どこへ行ったのかも知らない。僕には人生を賭けられる音楽という仕事があったが、専業主婦で子供もいない彼女が、40

歳を過ぎて1人で家を出た、その気持ちを思うと今でも胸が苦しくなる。自分の愚かさに、反吐が出そうになる。時間と共に忘れるどころか、年を重ねるごとに辛さは増していく。僕が人生で一番後悔していることは何か？と言われたら、それは彼女を幸せにできなかったこと。何よりもそれを、僕は後悔している。彼女が今、幸せであることを願うしか、今の僕にはできないけれど。

第2章

薬とアルコールに溺れる日々

2度目の結婚

妻が出て行った後、僕はつき合うようになっていた女性の部屋に転がり込んだ。今思えば、宿を失ったヤドカリが、慌てて次の貝殻に潜り込むような、行き当たりバッタリの行動だった。彼女は、シングルマザーで、当時高校生になったばかりの娘がいた。

「お母さんがつき合っている人に、しばらくウチに来てもらってもいいかしら？」

と娘に相談したところ、

「ちゃんと結婚するなら、いい」

と答えたそうだ。そりゃそうだ。知らない男が突然自分の家に住み始めるなんて、メチャクチャな話を、年頃の女の子が受け入れられるわけがない。でも、ずっと母1人娘1人で暮らしてきた彼女からすると、「父親のような存在」ができるという安心に対する期待もあったのだろう。お互い、結婚までは考えていなかったが、娘がそう言うのなら…と僕らはすぐに籍を入れることにした。それが僕の2度目の結婚になった。最初の離婚からわずか2年半のことだった。

突然始まった、母と娘2人暮らしに転がり込んだ結婚生活。僕も戸惑ったが、年頃である娘は、それ以上に戸惑ったことはいうまでもない。そして、このことが僕が本格的に太り始めるきっかけになった。それは何故か？

彼女たちのマンションは長いこと「住みたい街ナンバーワン」をキープし続けている吉祥寺の駅の近くだった。たくさんの飲食店がひしめく街である。僕としては、高校生の彼女に気を使って、何かというと

「今晩何食べたい？　好きなもの食べに行こうよ」

と誘った。今時の高校生の女の子が、

「そうねぇ、湯豆腐か、ざる蕎麦が食べたいわ」

などと言うわけもなく、返ってくる答えは「焼肉、イタリアン、カレー」など、こってりしたものになってくる。3人で何か食べよう、というと、どうしても子供に合わせてしまうから、週に何度もこのような高カロリーの外食をしてしまうことになった。

こってりしたパスタ、焼肉、カレー、甘ったるいデザートのついたイタリアンのランチ。僕たちの間で定番になった外食のパターンをぐるぐるとローテーションしていた。そして僕は、相変わらず毎晩酒をたっぷり飲み、後述する吉祥寺のCというクリニックで増やされた精神薬をたっぷりと飲み続けていたのだ。そして僕は急に太り始めたのである。

薬出しまくり！のマッド・ドクターとの出会い

吉祥寺に引っ越して、僕はまた医者を変えた。前のBクリニックも通えたのだが、精神的な不安に加え、今度は「何もやる気がしない」という、うつ的な症状が出てきたので、カウンセリング的な問診だけではなく、血液検査など含めて、総合的に治療してくれるところがいいな、と思って検索し、「内科・心療内科」の両方を標榜するこのクリニックを見つけたのだ。

駅前の大きなビルに入っているこのクリニックは、普通の町医者のような感じで、心療内科っぽくなかった。おそらく、もともと単なる内科医の町医者が、心療内科を標榜するようになったのだろう、と思った。初診以外は、予約が不要なのも珍しかった。

初診ではいつものように子供の頃から現在までのバイオグラフィーと、今までに通院したクリニック、服用した薬などを聞かれる。僕は弟の死から、離婚などの話、そして現在はパニック症状が治ったものの、落ち込むことが多く、しんどいのだというような話をした。暴飲暴食と肥満がたたり、いつも体が重く、何をするにも億劫になっていた。

内科と併設のクリニックなので、血液検査はきちんとやってくれた。結果は、ヒドいものだった。まず、肝機能障害に関係するガンマＧＴＰが、成人男性で正常値が50以下のところが400を超えていた。他には総コレステロール、中性脂肪、血糖値、尿酸値が基準値以上。これはどう考えても、単なる飲み過ぎ、食べ過ぎなので、今となっては気分の落ち込みもそこから来ていたのだろうと思う。

しかし愚かな僕は、医者にこう訴えた。

「僕はミュージシャンなので、ステージに上がる前とか、どうしてもテンションを上げなければならないんです。なんとかなりませんか？」

ハイになりたいから、シャブをくれ！と言っているのと変わらないのだが、僕は自分の不摂生には目もくれず、うつ病になってしまったのだと思い込んでいた。そしてより強力な抗うつ剤が処方された。パキシルという薬である。

僕は、2度目の結婚を機に、かなりの生徒さんがいたレッスンをやめてしまっていた。レコード会社との契約がなくなり、レッスンでの収入というのは貴重な安定収入だったが、一方ではいろいろとジレンマを抱えてもいた。「先生」と呼ばれ、生徒さん達にちやほやされ、レッスンの後は毎回駅前の居酒屋で飲み会。生徒さんたちは律儀にライブに来てくれるので、ライブの動員も安定して見込める。

しかし、同じ音楽でお金を稼ぐのでも、レッスンプロと専門の演奏家では天と地ほどの違いがある。もちろんレッスンもきちんと譜面を作って、真剣にやるのだが、最高の技術がぶつかり合い、互いを高めあう、プロフェッショナルの現場の緊張感は、そこにはない。生徒さんと過ごす日々は楽しかったが、ここであぐらをかいていてはダメになる、との思いも強くなっていた。

そんな中、最初の離婚からあまり時間もおかずに、いつの間にか生徒さんの1人と結婚してしまったので、教室の雰囲気は気まずい感じになってしまい、僕はしばらくしてレッスンをやめてしまった。生徒さん達は行き場を失い、楽しかったコミュニティもなくなり、僕のライブにもピタリと来なくなった。僕は生徒さん達にとって、生徒の1人と抜け駆けをし、楽しかったコミュニティを壊した「裏切り者」になってしまったのだ。

収入も大幅に減った。何よりも、生活を律する定期的な仕事がなくなってしまったことで、精神的不安が劇的に増した。「ここにいては、アーティストとしてダメになる」との思いをずっと抱えていたレッスンだが、やめてみたら、レコード会社との契約もなくなり、会社もたたんでしまっていた僕にとって、仕事のベースはレッスンの他には何もなくなってしまっていたことを思い知らされた。

僕は太った体を持て余しながら、たまに入ってくるイベントやレコーディングの仕事をなんとかこなし、毎日精神薬と酒を飲み、ダラダラと過ごしていた。常に体調が悪く、動くのが億劫になっていたのだった。

―衝動的・攻撃的になるパキシル―

僕が飲むことになったパキシルは、数々の問題が報告されている強力な抗うつ剤である。「SSRI（選択的セロトニン再取り込み阻害剤）」というもので、「脳に作用し、アドレナリン・セロトニンの量を増やし、テンションを上げる薬」である。パキシルと同様のSSRIには「ルボックス、デプロメール、トレドミン、ジェイゾロフト」などの商品がある。

僕はこのうちルボックス以外のすべてに関して服用経験があり、ＳＳＲＩの「強烈な副作用」を何度も体験している。

これらＳＳＲＩは「うつ」に対してテンションを持ち上げて「改善」をはかる薬だが、この薬の副作用として「衝動性・攻撃性」が現れるというものがある。脳を異常に興奮させてしまうのだ。もっとも、基本的にテンションを上げる薬によってテンションが上がったという状態だから、副作用というよりは「正しく効いている」と言えるのだが。あとで詳しく述べるが、通り魔などの無差別殺人事件の犯人がこの種の薬を飲んでいた、という情報がネットには溢れている。

僕がパキシルを服用していたのは、２００６年から約4年間である。最初は東京・吉祥寺のＣという心療内科で「抗うつ剤」として処方されたのだ。最近はファーストチョイスとして、新薬であるＳＳＲＩが処方されることが多い。副作用が少なく、効果が高いとされているからというのもあるが、何しろＳＳＲＩは薬価が高い。製薬会社の盛んな売り込み、宣伝もあり、この儲かる新薬・ＳＳＲＩが処方される動きになっているのだろう。今思えば薬と酒の飲み過ぎでヘロヘロになっていただけで、薬と酒をやめて食生活を正せば元気になったはずであるが、パキシルの使用上限である1日40㎎を毎日4年間飲んだ。

ＳＳＲＩ系の抗うつ剤を服用していたのは２００６年から２０１０年頃までの４年間、薬の種類はパキシル、ジェイゾロフト、トレドミンなどのいわゆるＳＳＲＩが中心だが、その間にデプロメールという初期のＳＳＲＩ薬も使っている。同じ系統の薬でサインバルタ（ＳＮＲＩ）という薬も短期間服用した。この2つに関しては、ほとんど副作用は感じなかった。もっとも、効き目もほとんど感じなかったが……。

「突然キレる」副作用を強烈に感じたのはパキシルとトレドミンである。

この時期、僕はテンションを上げる抗うつ剤と、テンションを下げてリラックスする精神安定剤を同時に処方され、何の疑いもなく飲んでいた。これでは、火事の現場で消火器と火炎放射器を同時に使っているようなものだ。しかし、パキシルに関して、このような注意を医者から受けたことはなかった。ＳＳＲＩの副作用と思われる「一歩間違えば事件を起こしていたかもしれないような」エピソードもいくつか記憶にある。

―ＳＳＲＩ服用時に起こしたトラブル―

すべてはちょっとしたことで「ブチ切れた」恥ずかしい話ばかりであるが、この時期の後にも先にもこんなことはなかったことを、あらかじめ断っておきたい。以下の出来事に関して、飲酒時のものは1つもなく、すべてパキシルなどのＳＳＲＩ薬服用時に起こしたものである。

２０００年に日本国内でパキシルが認可されてから、その処方量は年々増加しており、駅のホームなどで「キレやすい人」が増えている背景には、ＳＳＲＩが絡んでいることも少なくないのではないか？と僕は思っている。

２００７年の夏、ある日の夕方のこと。僕は吉祥寺駅の南口から北口へ抜けるガード下を歩いていた。ガード下のタクシー乗り場を通りかかった時、僕の目の前で1人の男が、吸っていたタバコを僕の前に投げ捨てて、そのままタクシーに乗り込んだ。35歳でタバコをやめて以来、タバコが大嫌いな僕はそこでキレた。

彼はただポイ捨てしただけなのだが、僕は、

「俺の前にタバコを捨てやがって……」と、被害妄想的にカッとしてしまった。

僕は火のついたままのタバコを拾いあげて、男が乗り込んでドアを閉めたばかりのタクシーの窓を叩いた。男は怪訝そうな顔で窓を開けた。

「おい、コレわかるか？　あんたの落し物だよ」

僕は、そう言うと、火のついたままのタバコをタクシーの窓から投げ入れ、

「おい、降りて来いよ」

と男を挑発した。幸いなことに気の小さそうな男で、素直に謝ってくれたが、「こいつのテンションはおかしいぞ…」と思ったに違いない。

それ以上大ごとになることはなかったが、あれで逆ギレされて殴り合いにでもなっていたらと思うとゾッとする。今でもタバコの投げ捨てを見るたびにムッとはするが、せいぜい睨みつける程度で、あそこまでやるのはやはり異常だったとしか言いようがない。

僕はただ歩いていただけで、特にイライラしていたわけでもない。「目の前に火のついたタバコを投げ捨てられた」ということがトリガーになって、急にテンションが上がってしまったのだ。元気がなくなる冬場に対して、交感神経が優位になる夏の時期に抗うつ剤を服用していると、このようにテンションが上がりすぎることがあるのだ。

これ以外にも、同じような車のトラブルがもう1回、電話で話していて激昂したことも何度かある。あるアーティストの現場で、コンサートが終わって撤収しているときに、会場の職員に「早く片付けろ」と言われて大ゲンカになったこともある。どれもが、今思えばそれほど怒ることでもなく、明らかに異常なテンションだった。これらはすべて、SSRI系の向精神薬を服用していた2007年から2010年くらいの間に集中しており、それ以前もそれ以後もそんなことはない。

2017年に、東名高速道路で、追い越しに関するトラブルの上、逆上した男が追い越し車線で相手の車の前に自分の車を停車させ、後ろから来たトラックが被害者の車に激突、2人が死亡するという痛ましい事故が起きた。この事故の後にも、同じようなトラブルが報道されたが、僕はとっさに「パキシルじゃないだろうな…」と思ったものである。この手の薬は、とにかく「キレやすくなる」のだ。

通りすがりのことならまだしも、仕事上でこんなキレ方をしたら、あっという間に噂は広まる。「あいつは危ないらしいから、もう声かけられないな…」と思った関係者も少なくないだろう。

信用を失うのは一瞬だが、回復するには大変な時間がかかる。実際には2度と回復できないことがほとんどだ。僕はこの時期に、それまで積み上げてきた多くのものを失ってしまったのだ。

―遂に禁断のリタリンが処方された―

リタリン、という薬がある。「合法覚せい剤」とまで言われ、現在はうつ病での処方が禁止されているこの薬を、僕は処方されていたことがある。リタリンを過剰摂取すると、覚せい剤などのように気分が高揚する効果が得られるが、依存性の高さはコカインやヘロインと同等とされる。

2003年頃から、ネット上に「リタリンでハイになれる」という情報が流れるようになり、合法ドラッグの一種として、ドラッグマニアの若者が医療機関を受診して手に入れるようになった。さらに、カラーコピーした処方箋で違法に入手されたリタリンがネット上で転売されるようになり、厚生労働省は2007年10月、この薬の処方を制限し、うつ病での使用は禁止された。

僕はほとんどが外食になって太り始めた2006年後半から、体調・精神状態とも目に見えて悪化していった。この頃通っていた吉祥寺の心療内科はとにかく薬をたくさん出す医者で、一向にうつ状態が改善されないことを訴え続けるうちに、遂に「リタリン」が処方された。

「あんまり出したくない薬なんだけど…」

というコメントつきだったのをよく覚えている。

僕が処方されたのは2007年、年が明けた冬だったから、滑り込みセーフ、というわけだ。それからしばらくしてリタリンは禁止されたわけで、医者には使用に際する注意を促す文書などが廻って来ていただろうし、そろそろ禁止される危ない薬だという認識は当然あったはずである。前述した「ブロバリン」という危険だとされる古いタイプの睡眠剤を、「古典的な睡眠剤を出すから…」と言って出したのもこの医者である。

精神科・心療内科に通う患者達は、今はインターネットで簡単に調べることができるので、実によく薬のことを知っている人が多い。僕も通院歴も5年を超え、自分の飲んでいる薬のことは調べていて、精神薬に関しては「アマチュア薬剤師」になっていた。なので、リタリンの存在は知っていたし、何かと問題の多い薬だということも知っていた。しかしどこかで、

「国が認可して、さらに国家が認めた医者が出すのだから大丈夫だろう」

みたいな気持ちもあった。読者の中にもこういう人は少なくないのではないだろうか？

食品にしても、薬剤にしても、

「国が認めてるのだから大丈夫」

「大手メーカーの製品だから大丈夫」

「大きなスーパーで売っているから大丈夫」

のような、漠然とした「大きなところが認めているのだから大丈夫的な信仰」はないだろうか？

僕は今までさんざんいろんな精神薬を飲んできて、「眠くなる」「ぼおっとする」というような、ダウナー系の薬（テンションを下げる。精神安定剤・睡眠剤など）の効果は感じていたものの、抗うつ剤など、アッパー系（テンションを上げる）の薬の効き目を実感したことはほとんどなかった。依存性の強い危険な薬であるということを知ってはいたが、どうせ大して効かないだろうし、せっかくだから試してみようかなぁ……くらいの気持ちで処方してもらった。

しかし、この強力なリタリンも効果があったのは最初の頃だけだった。確かに最初の頃は頭がスッキリした。しかし、その後はあまり効果を感じなかったので、1日の限度量である4錠を飲んでしまったこともあったが、言われているほどテンションは上がらなかった。相当体が弱っていたのだろう。

このような悪循環の中にいた僕は、薬を飲めば飲むほどに気分もどんどん落ち込み、仕事が暇なことも手伝って、どんどんドロ沼のような精神状態にはまっていった。2007年にうつ病での処方が禁止となったリタリンは現在、ナルコレプシー（睡眠障害。昼間から耐えがたい睡魔に襲われ、突然眠り込んでしまう）の治療には使われている。そんなわけで、僕は貴重な「リタリン経験者」なのである。リタリン依存にならなかったのが不幸中の幸いだった。

仕事のない冬

2度目の結婚生活の3年目。シングルマザーの母親と娘が暮らしているマンションに飛び込んだ行き当たりばったりの結婚生活は、やはり無理があった。うまくいっていたのは最初の半年くらいで、母と娘2人で完成されていた人間関係に僕が入っていくのは難しい、と痛感するようになっていた。

反抗期の娘が、母親に対して当たり散らしたりするたびに、僕はどのように対処していいかわからずに、オロオロするばかりだった。それは時には相当激しいものだったが、翌日には2人ともケロっとしている。僕には理解できない母と娘の世界があり、居場所がなくなっていくのにさほど時間はかからなかった。

会社をたたんでから、仕事もうまく回らなくなってきていて、現実逃避するように毎晩アルコールと睡眠剤を併用して酩酊するようになってしまっていた。ミュージシャンという職業は年末までバタバタと忙しいが、年明けから春くらいまで暇になることが多い。ウクレレ演奏家としての仕事がメインになってからは、特にそうなった。冬場になると仲間のミュージシャンからも、

「暇なんだよなぁ、なんとかしないとヤバイよ…」

という声が聞こえてくるようになる。僕は毎年この時期には気が滅入り鬱々と過ごすのが常だったが、体調不良もあり、この年のそれは深刻だった。

初めて明らかな異変を感じたのは2007年の大晦日。深夜に用事があって渋谷まで出ていた妻を車で迎えに行かなければならなかったのだが、体がだるく、気持ち悪くてとても動けそうにない。朝からずっと吐き気がしていて、夜になっても治まらない。初めて感じたアルコール依存症の症状だった。通常の二日酔いなら、いくら酷くても夕方には治る。この日は夕方を過ぎて夜になっても二日酔いが続いていた。二日酔いが治らない。これがアルコール依存症の最初の症状だ。

「これは、飲むしかないな…」

と、僕は「迎え酒」を決め込んだ。酒による気持ち悪さを酒でごまかすというのは、完全にアル中の行動パターンである。コンビニで「白角水割り250ml」を2本買い、部屋に戻ると1本目をスポーツドリンクのように胃に流し込んだ。コンビニの冷蔵庫でキンキンに冷えたアルミ缶が、二日酔いで腫れぼったい唇に気持ちいい。一気に飲み干してしばらく横になると、さっきまでの気持ち悪さが嘘のように消えていった。

これでもう、渋谷まで行かなくていいな。飲んじゃったんだもの、運転できないし…。決して「行かなくていい」わけではないが、僕はこんな風に自分を正当化したのだった。体調が悪くて迎えに行けなくなったので、タクシーで帰って来てくれと妻にメールを入れた。アルコール依存者は、こんな風に約束を破り、信用を失っていく。この夜、初めて感じる種類の「だるさ、気持ち悪さ」に「これはちょっとヤバいかも…」と思った。

今日は酒を抜こうと毎日思うのだが、どうしても酒をやめることができない。そのまま正月になり、1月、2月とほとんど仕事は入っていなかった。CDが売れない時代と言われてずいぶん経つが、この頃、音楽のダウンロードサービスが一気に広がり、時を同じくしてレコーディングの世界もパソコンベースに移行していった。パソコンで録音スタジオと同じようなことができるようになり、ミュージシャンの多くが自宅でレコーディングするようになったのである。

そんな理由から、大手スタジオの閉鎖が相次ぎ、スタジオミュージシャンの仕事も激減した時期だ。僕は専門のスタジオミュージシャンではないが、ギターやウクレレ、時にはバックコーラスなどでレコーディングの仕事をそれなりにこなしていた。しかしこの頃はほとんど仕事がなくなってしまっていた。スタジオの仕事は、拘束時間が短いが、ギャラはいい。ライブ1本でやっと稼げるような金額を、2時間足らずで稼げてしまう。この時期は、月に数本のスタジオ仕事で食いつないでいた。

ただ、僕の仕事が激減したのは、時代のせいばかりではなかった。40歳で離婚し、42歳でマネージャーと別れた僕は44歳になっていたが、ここ4年ほどの荒れた生活の中で、対外的にも信用を失っていたのである。

面と向かってそんなことを言う人はいなかったが、なんとなく各方面から距離を置かれつつあることをうすうす感じていた。そして孤立感を深めていた僕は2008年の冬、遂にアルコール依存症の第1段階である「連続飲酒」に陥ってしまったのである。

―連続飲酒―

その頃の1日はこんな風だ。お昼ぐらいに起きだして、シャワーを浴びる。毎日明け方まで飲んでいるので、もちろん毎日二日酔いだ。朝、歯ブラシを口に突っ込むだけで吐きそうになる。腹が減ってはいるのだが、吐き気がして食べられそうなものを思いつかないので、駅前まで出て立ち食いそばを食べる。少し街をぶらついてマンションに戻って横になり、そのままダラダラと夕方まで過ごす。考えているのは酒のことばかりだ。

夕方5時に、近所の小学校のチャイムが鳴る。「夕焼け小焼け」のメロディーだ。「陽が落ちる前に酒を飲むのはやめよう」と固く心に決めていたので、このメロディーは僕にとって「飲酒開始のテーマ曲」のようなものであった。

この時期、僕はほとんど家から出なかったので、毎日夕方にこの「夕焼け小焼け」を聞くのが嫌だった。今日も1日、何もしないままに日が暮れてしまった…。このメロディーが流れてくると、切なく、そして虚しい気持ちになるのだった。


「夕焼け小焼け」のメロディーを聴きながら、しばし、虚しい気持ちに浸る。そして、それを振り切るように僕は立ち上がり、部屋を出る。エレベーターでマンション7階の部屋から、1階のコンビニに降りていく。酒の買い置きは一切しなかった。これは、アルコール依存者に共通の特徴だと思う。酒があると、際限なく飲んでしまうからだ。毎晩、

「今日飲んだら酒は終わりにするぞ。明日からは、酒はやめる！」

と思っているので、買い置きはしない。

買い置きはしない、とはいっても、マンションの1階がコンビニなのだ。僕は常に酒が

自動的に補充される冷蔵庫の上に住んでいるようなものだった。

500㎖のレモン味缶チューハイを2本。それに、つまみとして、「ちくわにチーズの挟まったもの」とか「サラミ」とか、出張のサラリーマンが新幹線で1杯やるようなものを買い込む。最初に缶チューハイを1リットルも買っているわけだが、この時点では今日はこれ以上飲まない、と固く決心しているのだ。

部屋に戻り、缶チューハイを開ける。プルトップに指をかけて、勢いよく引っ張る時のプシュッ!という音が、朝から硬直していた心の殻を破る。今日1日の憂鬱ともこれでおさらばだ。朝起きてからずっとひたすらこの時を待っていたのだ。僕はこの頃、この瞬間のために毎日を生きていた。酒を飲むためだけに、だ。今日もまた飲むのか…という虚しい気持ちと、これでしばらくは楽になれるという、ホッとした気持ちが交錯する。

500㎖1本を飲むのには10分もかからない。すぐに2本目に手を伸ばす。もう、楽器を触ることもあまりなくなっていたが、楽器類は大好きなので、ダラダラとパソコンでネットのオークションを眺めたりして缶チューハイを飲む。気に入った楽器があるとウォッチリストに登録しておくか、場合によっては入札する。酔っ払って100万円もするギターに入札し、翌日通知メールでそれを知り、慌てて取り消すということがたびたびあった。

午後6時になり、ニュースが始まるので、テレビをつける。1本目の缶チューハイで喉の渇きは癒えたので、2本目はチビリチビリと飲む。午後7時。もう、2本目も空いている。今日は、ここまでにしよう。年末からもうずっと飲みっぱなしじゃないか。パソコンのカレンダーにはところどころ、「禁酒開始」と打ち込んである。文字通り、禁酒を始めた日だ。そして1週間後くらいにはまた、「禁酒開始」の文字が。そう、何度も禁酒を宣言しては、2日後にはまた飲んでいるのだった。

絶対に2本しか飲まない、と決めている缶チューハイも、2時間もしないうちにもう空いている。もっとも、こんな風に毎日自分との約束は破られている。缶チューハイも2本と決めているけれど、必ずそれは破られる。そんなことは最初からわかっているのだ。にもかかわらず、飲み始めるときは、「今日は缶チューハイ2本でやめるのだ」と自分に誓う。

なんていい加減なんだ、と思うが、アル中の心理なんてこんなものであり、それこそがアル中やシャブ中は病気だ、と言われるゆえんである。

思考が正常ではなくなっている。それを手に入れるためならどんなことでもするだろうし、どんな約束でも破るのだ。その時は「今日はこれでやめるのだ」と決心しつつも、同時に心の中では「きっと飲んじゃうんだろうな」と諦めてもいる。矛盾した2つの思考が同居することに、違和感を感じなくなっている。こういうことを繰り返していると、あらゆることに対して自分の節度が緩くなっていく。2本目の缶チューハイが空いた後は、いつも1時間くらいは悩む。誓いを立てた通り、ここでやめるのか、それとも今日もあっさり誓いを破るのか。そして今日も誓いは破られることになる。

「今日は仕方ないから、もう少しだけ飲もう。明日から、改めて禁酒すればいいじゃないか」

という具合に断酒開始日が日々延期されていくのだ。

─孤独な破滅への宴─

「孤独な破滅への宴」はまだまだ続く。しばらくテレビを見たりして過ごすが、やがて僕は意を決したように立ち上がり、財布を掴んで玄関に向かう。次の酒を買いに行くのだ。僕はエレベーターに乗り込むと、1階のコンビニへ向かう。缶チューハイの次はいつも白ワインだ。もう甘ったるい酒しか体が受けつけないのだ。缶チューハイもそうだが、「甘い酒しか飲まなくなる」状態は、完全にアル中の世界へ足を踏み入れていると言える。

ブランドもへったくれもなく、適当に安いものを1本わしづかみにしてレジへ向かう。ワインにはチーズだろうということで、チーズの類いも一緒に買うことが多かった。8時くらいから、自分の狭い部屋で、1人チビチビとワインを飲み始める。そのまま飲み続け、日付が変わる頃にはフルボトル1本を空けている。家族と話はせず、ほとんどパソコンの画面を見ながら、1人で酒を飲んでいる。毎晩こんな状態なので、家族との関係も悪化していて、僕はほとんど自分の部屋で過ごすようになっていた。

午前0時。夕方5時からすでに7時間も飲んでいて、かなり酩酊している。缶チューハイ、白ワインと甘い酒をずっと飲んでいると、さすがに口の中が甘ったるくなり、スッキリしたものを飲みたくなる。ここで僕は、またコンビニに向かう。1度にまとめて買えばいいだろうと思われるかもしれないが、これは典型的なアルコール依存者のパターンだ。その時はいつも「この1本で最後にしよう」と真面目に思っているので、決してまとめ買いはせず、「これで最後」と、「もう1本だけ」を繰り返すのだ。

僕はいつも締めの酒として、「白角水割り」というのを買っていた。缶入りの、ウイスキーの水割りである。「白角」というウイスキーのイメージ、シルバーでメタリックな缶のデザイン。なんとなく「スッキリ酔える」みたいなイメージがある。イメージ戦略の勝利だ。キンキンに冷えたこの缶に口をつけると、口元に冷たくメタリックな感触があり、それだけでなんとなくスッキリした気になってしまうのだから。

夕方5時からずっと誰とも会話をせずに飲んでいて、すっかり酩酊していながら「スッキリ」も何もないのだが、缶チューハイ、白ワインと飲んで、最後にウイスキーの水割りで締める。つまみはちくわ、チーズ、サラミだけ。スッキリどころか、思い出すだけで吐きそうになるドロドロの飲み方だが、あの時僕はこんな感じの飲み方を数ヶ月続けていたのだ。

泥酔の果ての睡眠剤

真夜中の3時頃。これだけ酔っ払っていればそのまま泥のように眠れそうなものだが、僕は酔って寝てしまうということは滅多になく、酔えば酔うほどに目が冴えてくるタイプだった。アルコールは少量ならば、副交感神経が優位になってリラックスできることもあるが、アルコールは一種の興奮剤でもあるので、量が増えると交感神経を刺激し、眠れなくなることがある。酒を飲みすぎて吐いてしまうことがあるが、あれは消化器の働きをコントロールする副交感神経の働きが低下し、腸が麻痺して動かなくなり、逆流してしまうということなのだ。

酒を飲んでも眠くならずに、逆にどんどんテンションが上がっていく僕のようなタイプは際限なく飲んでしまい、アル中になりやすい。すぐ眠くなる人と、やたらとテンションが上がってくる人がいるということは、アルコールに対しての自律神経系の反応にはかなりの個人差があるということだろう。

睡眠剤とアルコールというのは絶対に禁忌である。薬局でもらう注意書きにも必ずそのことが書いてある。しかし、僕はベッドに入る前にはおかまいなしに睡眠剤を飲んでいた。そのまま心臓が止まってもおかしくなかった。レコード会社との契約もなくなり、ミュージシャンとしてセッションに呼ばれる機会も激減し、ぶくぶくと太りいつも体調は優れず、2度目の結婚生活もうまくいかず、酒をやめることができず…正直なところ、

「もう、このまま寝ている時に心臓が止まってくれたらいい」

とさえ思うようになっていた。毎晩の酩酊は、言ってみれば、「時間をかけた自殺」のようなものだった。そして僕は、「うつ病だから、仕方がないのだ…」と抗うつ剤はキチンと飲み続けたのである。

最後の酒、2本目の「白角水割り」がなくなる頃、マンションの郵便受けに朝刊が投げ込まれる。毎朝、ドアのポストに乱暴に新聞が投げ込まれる音に僕はハッとして、そのままベッドに向かうのだった。夕方、近所の小学校から流れる「夕焼け小焼け」が試合開始の国歌斉唱なら、明け方、マンションの金属ドアに「ガチャン！」と新聞が投げ込まれる音は、さながら試合終了のゴングのようだった。僕は病院送りになるまでの数ヶ月、毎晩のように12時間近くにおよぶ孤独で不毛なスパークリングを続けたのだった。

ある日僕は、酒をやめようと以前からネットで調べていた「抗酒剤」を出してもらおうと決心した。酒をやめる事ができる薬らしい。酒をやめることでさえも、薬に頼ろうとする。僕は、生活のあらゆることを「薬」で解決しようとしていたのである。バカにつける薬はない、というが、僕は「バカにつける薬」を求めていつもさまよっていたのである。

抗酒剤とは？

抗酒剤。現在日本では、液状の「シアナマイド」と粉薬である「ノックビン」の2種類が使われている。ただしこれらは「酒を飲みたくなくなる薬」というわけではない。肝臓でアルコールを分解する時に作られる毒素であるアセトアルデヒドを分解する酵素・ALDHの働きをブロックしてしてしまい、これを服用した状態で酒を飲むと耐え難いほどの悪酔いを起こさせる。単純に言えば抗酒剤とは、「わずかなアルコールでも悪酔いさせて、酒を飲むことに対して恐怖を植えつける」薬である。

「治療」というには、限りなく次元の低い話だが、こういう薬が実際にアルコール依存症の治療には使われており、一般の心療内科でも「酒をやめたいので抗酒剤を使いたいのですが……」と言えば簡単に処方してもらえる。抗酒剤自体が劇薬であり、酒に少し混ぜて相手に飲ませれば1杯の酒で相手を酩酊させてしまう、ということもできる危険な薬だが、僕はこの2種類とも服用した経験がある。2007年の秋に、自分からアルコールの問題を医者に話し、僕は抗酒剤を処方してもらった。

僕はある日の診察で、当時かかっていたH医師に、

「酒をどうしても抜くことができずに困っているので、抗酒剤というものを処方してほしい」

と訴えた。H医師は、

「では、シアナマイドという薬を出そう。あなたは抗酒剤に関してはいろいろ調べてあるようだが、知ってる通り、これは酒を飲みたくなくなる薬ではないからね。これを飲んだ後に酒を飲むと、すぐに真っ赤になって、ドキドキして、気持ち悪くなってくる。場合によっては、死ぬ。これを飲んだ後は、絶対に酒を飲まないように。命の保証はしないからね」

と僕に忠告した。

死ぬこともあるのか。僕は不思議と怖い、とは思わなかった。「死ぬ危険もある」という医師の言葉を、むしろ甘美な思いで受け止めていた。そうか、最悪の場合、抗酒剤と酒を一気に飲めばいいんだ。何が「いい」のかわからないが、出口が見えず、自暴自棄になっていた僕は「それもアリかもな…」くらいに思っていたのだった。

僕はその冬、何度目かの「禁酒」を試みていた。なんとかビールを飲まずに夕食を済ますと、「シアマナイド」を付属の計量カップに注ぎ、規定量を口の中に放り込む。それは今までに、どんな液体でも味わったことのない味がした。劇薬というには程遠い、軽く苦いだけの液体。毒ってのは、案外飲みやすいんだな。

しかし、断酒が続いたのはわずか2週間ほどであった。ある夜、僕は遂にアルコールを口にしてしまった。この時の「飲みたさ」は、もはや尋常ではなかった。この夜、僕はもう酒以外のことは考えられなくなってしまっていた。深夜12時ごろ、僕は2週間ぶりに1階のコンビニに缶チューハイを買いに行った。

「これは、実験だ」

僕は自分に言い聞かせた。抗酒剤って、本当に効くのか？　意外と効かないんじゃないか？　何事もやってみないとわかんねぇじゃんか。

僕は恐る恐る、缶チューハイを口に含んだ。ああ、もう死んでも構わない。これだ、これだよ。これが「生きてる」ってことだ。僕は歓喜に震えながら、ゴクリ、と一息で口の中の液体を飲み干した。そして僕は、２週間の禁酒でドライになった体に水をやるように、一気にひと缶３５０㎖を飲み干したのだった。

異変はすぐに現れた。顔が、というより、首が斑らに赤くなってきた。なんだ、この斑ら模様は？　慌てて服を脱いで体を鏡に写してみると、上半身もまた斑らに赤くなっている。あれよあれよという間に、顔全体も真っ赤になってきた。まるで、突然変異の爬虫類のようだ。あ、これはヤバイかも……。

次に、胸がドキドキしてきた。心臓の鼓動が速くなって、体じゅうの血管がドクドクと大きく脈を打ち始めた。

あ、これ、マジ、ヤバいかも……。

心臓発作で突然死した弟のことが頭をよぎった。慌てた僕は、冷蔵庫から出したミネラルウォーターをガブ飲みするとベッドに横になり、大きく呼吸を整えた。脂汗が出てくる。このまま、心臓が止まるのか。

僕は覚悟を決めて深呼吸を繰り返しながら、「その時」を待った。すべての生き物にいつか訪れるその時が、今僕には、こんな形で訪れようとしているのか。しかし、僕は死ななかった。死ななかったが、覚悟を決めた後に「その時」を待つのは不思議と怖くなく、むしろホッとするような感覚があった。

僕はこの日を境に、たびたび同じことをしてしまうようになる。若くして心臓病で亡くなった弟の兄は、今自分で自分の心臓を痛めつけているのだ。酒もタバコもやらないのに、34歳のある日、突然止まってしまった弟の心臓。一方恥知らずなまでに頑丈な兄の心臓は、酒と抗酒剤で破裂しそうになっても止まることはなかったのだ。兄のこんな行動を知ったら、弟はなんと言うのだろうか。

―自殺未遂からアルコール病棟へ―

連続飲酒も4ヶ月目に入ったある日、そう、晴れて日本武道館のステージに立ってから3ヶ月後に事件は起きた。2008年3月11日の深夜。僕はいつものように夕方から酒を飲み続け、酩酊していた。4ヶ月にもおよぶ連続飲酒で、心身ともにボロボロだった。

妻の娘が、妻を激しく罵っていた。僕は激しく長い言い争いを隣の部屋でずっと聞いていたが、さすがに耐えかねて部屋を出て行き、二人の間に割って入った。それがまた火に油を注ぎ、彼女の矛先は今度は僕に向かった。ある日突然転がり込んできて、気がつけば酒ばかり飲んでグダグダしている男に、年頃の女の子が言いたい事は山ほどあっただろう。ずっと耐えてきたものがあったのだ。そして彼女は、僕にとって耐え難い言葉を吐いた。

僕にとって、それだけは許すことのできない言葉だった。

夕方からの酒でかなり酔っ払っていた僕は「売り言葉に、買い言葉」で、

「ああ、わかった。死んでやるよ。今すぐ死んでやるから、見てろよ」

と言うと僕は自分の部屋に戻り、精神安定剤・デパス1㎎1シート分（10錠）と睡眠剤のハルシオン数錠を手のひらにのせて、ウイスキーの水割りと共に一気に飲み込んだ。朝と夕方には抗うつ剤のパキシルをすでに飲んでいる。これだけで心臓が止まることもあるだろう。いや、止まってくれ。神よ、弟と同じように、この愚かな兄の心臓も止めてくれ…。

しかし僕の毛の生えた心臓は止まらなかった。気がつくと僕はマンション7階のベランダの柵を乗り越えていた。7階から飛び降りて、人生を終わりにしよう。そう思ったのだった。

―自殺したくなる、パキシルの副作用―

パキシルの副作用として「自殺の衝動」が起こる、というものがある。2006年6月14日に、共同通信社は厚生労働省がパキシルを名指してその危険性を指摘した異例の文書を報道している。

~自殺の試み増える恐れ　パキシルで厚労省注意喚起~

「厚生労働省は14日までに、抗うつ剤パキシル（一般名・塩酸パロキセチン水和物）の添付文書に「若年の成人で自殺行動のリスクが高くなる可能性が報告されており、投与する場合は注意深く観察すること」との記述を加えるよう指導、製造販売元のグラクソ・スミスクラインは添付文書を改訂した。米食品医薬品局（FDA）が5月に、同様の警告を発表したことを受けた措置。厚労省によると、患者を対象にした海外での臨床試験で、パキシルを服用した3455人中11人（0・32％）が自殺を試みた。偽薬を飲んだ1978人では1人（0・05％）だった。自殺行動は18~30歳で多かった」（2006年6月14日

共同通信社）

共同通信社のニュースなので、全国紙に載ったはずだが、薬価の高いＳＳＲＩを売りたい製薬会社のサイトや、心療内科のサイトには絶対に載らないニュースだろう。僕はもう、この文書にある18歳～30歳までの「若年の成人」ではなかったが、この時期、日常的にＳＳＲＩ系の抗うつ剤であるパキシルを、１日の最大量である、40㎎服用していた。

パキシルを含めたＳＳＲＩは「テンションを上げる」薬である。うつ病を治すのではなく、一時的に無理やりテンションを上げる。ひどいうつ状態にある時は、とにかく体が重く何もできなくなる。頭を使って、難しいことを考えることもできなくなるが、パキシルを飲めば一時的にではあるが、それらのことができるようになってしまう。その結果、「自殺」というかなりパワーを使う行動にも向かってしまうのだろうか。

その後、僕は駆けつけた警察官数名によって引き上げられ、パトカーに乗せられて、気がつくと警視庁武蔵野警察署の取調室にいた。手すりの外にいたのはどれくらいなのか、まったく記憶にない。酒で泥酔した上に精神安定剤を10錠と、睡眠剤も飲んだフラフラの状態で、マンション7階のベランダに90キロ近い体を両手両足で支えて捕まり立ちしていたのだから、何かの拍子で手がすべって、地面に落下していた可能性は十分にある。そこからのことはほとんど記憶にないが、気がつくと裸足だったことと、やたらと寒かったことだけを覚えている。靴も履かず、パジャマのままでパトカーに乗せられ、警察署に連れて行かれたのだ。

―警察署へ、そして精神病院へ―

警察署についてからのこともほとんど記憶にない。きっと、保護室のようなところにしばらく寝かされていたのではないかと思う。記憶があるのは、刑事のような人に、ここに至るまでの経過をひとしきり話した後くらいからだ。犯罪を犯したわけではないので、調書を取られることもなく、世間話のような淡々とした会話だったと思う。1時間くらいは話をしただろうか。ほとんど相槌を打つだけでずっと僕の話を聞いていたその刑事さんらしき人は、僕の目をじっと見るとこう言った。

「あんたはもう、危ないところまで来てる。あんたみたいな人を診てくれる専門の病院がすぐ近くにある。そういう病院は都内でも数件しかないから、近くにあったことに関しては、幸運だと思った方がいい。井之頭病院というところだ。警察から廻されたと言うとすぐに診てくれるから、今日すぐ行きなさい」

僕の話を聞いている間、彼はずっと僕の眼を凝視していた。1度も目をそらすことはなかった。彼の顔は思い出せないが、あの鋭い目ははっきりと覚えている。あれが刑事の「眼」だったのだろう。

2008年3月11日。僕はこの夜、「1度死んだのだ」と思っている。

朝になり、警察署に妻が迎えに来てくれた。靴を持ってきてくれたのだ。裸足で保護されてそのままパトカーで連れてこられたから、靴がなかったのだ。財布も、家の鍵も持っていない。おまけに、パジャマのままだ。これでは1人で帰れない。深夜に警察が来るような騒ぎを起こされて、どんな気分だっただろうか？　こんなになってしまったのに、昨夜あんなことをしたのに、こんなに優しくしてもらえた……ありがたさと情けなさで涙が出た。女神のようなこの人に、僕はいったいなんてことをしてしまったんだ……と初めて状況を冷静に把握した。

タクシーでいったんマンションに戻り、午後一番で病院に向かった。病院に着いて、初めてそこが精神病院だと知った。……遂に来るところまで来たんだな、と愕然としたが、「もうこれで酒を飲まなくても済むんだ」と思うとホッとして体から一気に力が抜けた。「アルコール外来」というものが存在することもその時初めて知った。担当医は、40歳くらいの男で、厳しい表情で僕を迎えた。僕は脂汗を垂らしながら、ここに至るまでを延々と話した。昨日あれだけのことをして、おまけにまったく寝ていない。ものすごい二日酔いで、立っていられないほどだ。気持ち悪さと疲労は極限に達していて、息も絶え絶えだった。話はこれくらいにして、早く楽にしてほしい。喉が渇いた、横になりたい。医者はカルテに目を落とし、時々僕の顔を見ながら何かを考え、クセなのだろう、右手でボールペンをクルクルと回し続ける。僕は、

「俺は一生懸命話をしているんだ。ボールペンを回すのをやめろ！」

と言いたくなるのをグッとこらえた。毎日たくさんのアル中を相手にしている百戦錬磨のアルコール専門医である彼は、こんな話はいくらでも聞いているのだろう。極めて事務的に僕の話を聞いていたが、真剣に僕の顔を見たのは、僕が「抗酒剤を飲んだ後にも酒を飲んでしまっている」と言った時だった。彼はカルテから僕の方へ視線を移すと、じっと僕の目を見つめてこう言った。

「それは重症だ。あなたのアルコール依存症は、かなり深刻な段階まで来ているようだ」

彼はその後、衝撃的なことを口にした。

「52・8歳」

えっ、何のことだろう。

52・8歳。彼はゆっくりともう一度言った。

「なんの数字だかわかる？」

「なんでしょう？　僕は今、44歳だけど」

「アルコール依存症者の平均寿命だよ。このままだと、あなたはあと8年ちょっとで死ぬ確率が極めて高いということだ。…で、あなたはこれからどうしたいんだ？」

僕は絶句した。どうする？　と言われても答えようがなかった。すぐに、好きだったアル中の作家、中島らもが52歳で亡くなったことを思い出した。

あとでアルコール依存症だった有名人の死について調べてみたが、美空ひばり（52歳）、石原裕次郎（52歳）、横山やすし（51歳）と、見事なまでに52歳前後で亡くなっていた。

いつもロックンローラーよろしく、

「いつ死んだって構わないさ。別に長生きなんかしたくないしね」

などとうそぶいていた僕だが、膝がガクガクして、体が震えてきた。予想外のことだった。恐怖で体が震えたのは、生まれて初めてだったかもしれない。昨夜、マンションの7階から飛び降りかけたのに、いい気なものだ。

「抗酒剤とアルコールを一緒に飲んだらどんなことになるか、知ってるだろう？　医者から説明を受けているはずだ。あなたが今飲んでいる抗酒剤・シアナマイドは劇薬だ。単純に言えば肝臓のアルコール分解の能力を下げて、ちょっと飲んだだけで大量に飲んだ時と同じような症状を起こさせ、酒を飲まないようにさせる薬だ。酒が飲みたくなくなるわけじゃない。シアナマイドを飲んだ後に酒を飲んだら、肝臓や循環器はもちろん、脳細胞へのダメージも深刻だ。シアナマイドは、それを服用した後に酒を飲まないことを前提に処方されているんだからね」

「抗酒剤を飲んでるくらいだったら、アセトアルデヒドのことは知ってるだろう？　血液中のアルコールが肝臓によって分解された後に残る、まあ毒だ。こうして発生したアセトアルデヒドは、アルコールの何倍もの毒性を持つ物質になる。これが酔っぱらった時の吐き気や、心臓のドキドキを起こす。抗酒剤は体にこれを分解させなくする。つまり、体にずっと毒素が残るんだ」

「抗酒剤と酒を同時に飲むのは、火事の時に、消火器の代わりに火炎放射器でさらに火を吹きつけているようなものだ。このまま酒を飲み続けたとして、今一番起こりうるのは、肝硬変の時によく起こる胃の静脈瘤破裂。それに、酒と睡眠剤を併用したら、突然心臓が止まってしまうこともあり得る。腎臓の数字も悪いから、このまま飲み続けると、人工透析になる可能性もきわめて高い。……で、あなたはどうしたいんだ？」

「俺の心臓は、止まらなかったぜ」

と言い返したかったが、僕は黙っていた。

しばしの沈黙の後、医者は、静かに、しかしわずかに挑発するような態度で、

「どうしたい？」

と、もう一度僕に訊ねた。

バカにしてるのか。あきらかにバカにされている、と思い、僕は怒りに震えた。殴りかかりたかった。しかし実際には、

「死にたくないです」

と膝を小刻みに震わせながら答えただけだった。

いつも強がっていたが、僕は弱かった。情けないほどに弱かった。死ぬぞ、と言われて小動物のように震えている。きっと目の前の医者にもはっきりとわかるほど体が、声が震えていた。こんなにひどい状態になっているとは思わなかった。いつ死んでもおかしくないとは。医者が冗談を言っているようには思えなかった。


「死にたくないんだね？」

……はい、と僕は小さく答えた。


「入院して酒やめるか？」

もう一度医者は僕に訊ねた。

僕ははっきりと「はい」と答えた。

「アルコール依存症に、治療法はない。つまり、治らない。一生酒を飲まないこと、それしかないんだ。このまま死にたくなかったら、入院して完全に酒をやめること。そして、あなたは、もう一生酒は飲めないということだ。そうすれば、何の問題もなく、普通に人生を送ることができる」

ああ、かまわない、それがいい、と思った。今すぐ病院に入れてくれ。もう酒はこりごりだ。もはや、飲みたくて飲んでいる状態ではなかったからだ。入院すれば酒を飲まずにいられる、と思うだけで救われた気がした。よく覚醒剤中毒者が逮捕されてホッとするというが、きっとこんな感じなんだろうと思う。

「残念ながら、今日このまま入院ってわけにはいかない。今の状態だと内臓もかなり弱っていて、他の問題が発生している可能性も高い。今日の血液検査ですぐわかるものは一部だから、これを検査に出して、もう少し詳しく調べて、その結果異常があれば、まず他の病院の内科に行ってもらうことになる。うちは精神病院だから、首から下のことは何もできない。検査の結果が出るのは1週間後だ。アルコール依存症の治療は、その後になるから」

このままベッドに倒れこんで入院できる、と思っていた僕はそれを聞いて心底がっかりした。ここに来るのだって這うようにして来たのに、また別の病院に行かなければならないのか。1週間も、どうやって過ごそうか。入院しなければ、また飲んでしまうかもしれない。改めてたっぷりと血を抜かれ、「入院のしおり」とアルコール依存症についてのパンフレットをもらい、その日はふらふらと病院を後にした。とにかく早く横になりたかった。

入院までの1週間

病院を出て、僕は自宅マンションに戻り、カバンに必要最低限の日用品を入れて駅近くのビジネスホテルに向かった。自殺未遂騒ぎを起こし、近所の手前もあるのと、当時の家族との関係もかなり悪化していたので、1週間後の入院までホテル住まいをすることにしたのだ。

もっとも、検査の結果次第では入院にはならず、他の病院に回されてそのまま通院治療になる可能性もあったのだが、何も食べられず、歩くこともままならないほど衰弱していた僕は、とにかく1週間後に無事入院できることを願うしかなかった。ホテルにチェックインするとまずフロントに電話を入れた。

「すみません、ちょっと事情があって酒をやめているので、冷蔵庫にロックをかけてもらえますか？」

ミュージシャンとしての長年のツアー生活の経験から、チェックアウトの時間が近づくと、ホテルの冷蔵庫が施錠されることを僕は知っていた。とにかく、今日から酒は飲めないのだ。冷蔵庫をロックして水だけを買ってきて、部屋から一歩も出なければ酒を飲まずに済むだろう。数ヶ月に渡る連続飲酒のダメージと昨夜の精神安定剤・睡眠剤とウイスキーの一気飲み、睡眠不足でクタクタだった僕は、精神安定剤の「デパス」を1錠口に放り込むと、あっという間に眠りに落ちた。

数時間して目が覚めた。全身にびっしょりと寝汗をかいていた。もう何年も、酒を飲まずに寝た日は数えるほどしかない。飲まずに寝られるだろうか？　しかし、僕には安定剤と睡眠剤がある。僕は再び安定剤と睡眠剤を飲んだ。どうしてこうなってしまったんだろう…どうやって、1週間を過ごしたらいいだろう。しかし疲労困憊していた僕は再び眠りに落ちた。酒を飲まずに寝たのは、数年ぶりだった。禁酒初日は無事終了した。

翌日のお昼近く、お腹が空いたのでホテルを出た。お腹は空いているが、二日酔いは残っている。いつものことだが、今日は特にひどい。医者が言うように、胃腸や肝臓が相当ヤラれているのだろう。何か汁物なら喉を通るかなと思い、駅前の「富士そば」に入り、かけそばを頼んだ。が、汁を少し飲んだだけで、吐き気がしてほとんど食べられなかった。店を出て、街を少し歩いた。初めて東京で演奏した街が、吉祥寺だった。

18歳の時、大学のサークルの新人歓迎会が吉祥寺の小さなライブハウスであったのである。20代の頃、さんざん遊び歩いた街でもある。思い出がたくさんある街だった。そんな街を、44歳にもなって、ボロ雑巾のようになって家にも帰れず、昼間なのに吐きそうになりながら歩いている。ポロポロと涙が出てきた。

こらえようにも、涙はとめどなく溢れてきた。上を向いて歩けばいいのか、と思って上を向いてみたが、涙はどんどんこぼれ落ちてきた。上を向いても、涙はこぼれるんだとこの時知った。何事も、歌のようにはいかないものだ。悔しさと情けなさでどうしようもなかった。しかし、不思議なことに今度は「死にたい」とは思わなくなっていたのである。

「とにかく、今日は眠ろう」

ホテルに戻ると僕は大量の水と一緒に再び睡眠剤を飲み、そのまま泥のように眠り込んだ。

―入院の日―

2008年3月19日。僕は精神病院である都立井之頭病院のアルコール病棟に入院した。僕にはれっきとした「アルコール依存症」という病名がついたのである。自分で勝手に酒を飲み続けただけなのだが、これは病気として認められているのだ。現代の病気の多くは、間違った食生活や不摂生による自業自得とも言えるものだが、このアルコール依存症などはその最たるものである。本人が酒さえ飲まなければ、アルコール依存症になることはないのだから。

最初にナースステーションに行き、入院の説明を受けた。毎朝の検温や食事、入浴などの簡単な話があった後に、持ち物の話になり、「荷物は最低限に。特に現金はなるべく病室に置かないようにしてください」と言われた。ここの患者さんたちは、お金を持っていない人が多いので、盗難が結構あるのだという。後でわかったことだが、入院患者の大半が生活保護受給者だった。


持ち物の注意書きとして渡されたプリントに沿って説明を受けたのだが、持ち込んではいけないものがやたらと多い。ヘアトニックなどの整髪料の持ち込みは禁止、となっていたので、どうしてですか?と聞いたら、ここに入院しているアルコール依存症者の中には、ヘアトニックなど、わずかでもアルコールが含まれているものなら、どんなものでも飲んでしまう者がいるのだという。うわー、マジかよ…と僕は不安になってきた。

さらに説明は続いた。ヘアトニック等に関連して、ガラス容器に入ったものなどの持ち込みは禁止。なぜか「ヒモ状のものを捨てるときには、必ず10センチ以内に切ってから捨てるように」とも書いてある。これも意味がわからないので、どうしてですか?と聞いてみたら、ガラス瓶は割れば凶器になる、紐は首吊りの道具になる可能性がある、という。アルコール依存症者は、ここに入って断酒すると極度のうつ状態になり、発作的に首を吊ってしまう可能性もあるのだそうだ。具体的な話は出なかったが、精神病院というところは、このようなこともあるのだろう。

持ち込み禁止のリストにノートパソコンも入っていたので、これは困ったなぁ、と思った。入院中にもメールのやりとりなどはしなければならないし、まだスマートフォンのなかった時代に、3ヶ月もパソコンも使えないとなると大問題である。どうしてダメなのかと聞いてみたら、さらに驚くべき答えが返ってきた。

「ノートパソコンって結構重たいでしょ。あれで窓ガラスを割って逃げ出すこともできるし、割れたガラスの破片で手首を切ることもできる」とのことだった。

病院というよりは、ほとんど刑務所じゃないか。僕は愕然とした。定員45名のアルコール病棟に、その時入院患者は40名ちょっとであったが、全員男性。全国のアルコール専門病院の中には男女一緒のところもあるらしいが、いろいろと問題が起こってしまうのだそうだ。この問題については、同室の男から後でいろいろと凄い体験談を聞かされることになり、僕はショックを受けることになるのだが…。

病室は6人部屋に僕を入れて4名だった。看護師さんに連れられて病室に入っていくと、他の患者を紹介されることもなく、僕はすぐにベッドに横になった。とにかく早く横になりたかったのである。すぐに点滴開始。これから3ヶ月に及ぶアルコール依存症入院治療だが、最初の2週間は、第一期治療と呼ばれていて、午前中にたっぷりと点滴を打たれる。

点滴の内容は、ブドウ糖、生理食塩水、ビタミン剤など。アルコールで弱った体を元気にし、水分をたっぷり摂って、尿や汗をたくさん排出し、体をクリーンにして体力の回復を図るというものだ。ベッドに寝かされた僕は、今日からは自分の行動を自分で考えなくていい、専門家が僕の回復に向けて何から何までやってくれるのだと思うと、心から安堵感を覚えた。ほんの1週間前には死にたがっていた男が、いい気なものだ。そして1本目の点滴が入った瞬間、僕は「これで助かった…」とホッとした。そしてしばらくして、僕は眠りに落ちた。

第一期治療の開始

最初の1週間は病院の外に出ることは許されない。外で酒を飲んでしまう危険性があるからだ。午後は、カウンセリングやアルコールの害に関するビデオ鑑賞会、患者同士の体験談を語り合うミーティングなどが行われる。

第一期治療が終わると、本人と家族、主治医、ケースワーカーによる三者面談が行われ、その後の治療方針を決めることになる。この段階で、もう帰る、と言えばそれで退院も可能だが、基本的にはそのまま入院を継続して、2ヶ月半の第二期治療に入ることが推奨されていた。

ちなみにアルコール依存症の場合、主治医とケースワーカーがつく。アルコール依存症者の多くは身内がいなかったり、生活が破綻してしまっていることが多いので、この入院を立ち直りのきっかけにしようということで、ケースワーカーがいろいろと今後の回復へ向けてのプランを一緒に考えてくれる。

最初の段階では、僕は3ヶ月の入院を希望していた。というか、アルコール依存症での入院のプログラムは基本的に3ヶ月と決まっているのである。入院した段階では、病棟のある2階から1階までの階段を降りるのもやっと、というくらいに衰弱していた。手すりにつかまりながら、老人のように階段を降りていたくらいなので、回復まではたっぷり3ヶ月はかかる、と思っていた。最初の2日間は、ほとんど寝たきりだったが、アルコールを断って、病院の決しておいしいとは言えないが体にはとてもよさそうな食事をとり、毎日3時間の点滴を受けていたら、体力がみるみる回復してきた。これには自分でも驚いた。自分の生命力に感動した覚えがある。

点滴治療が終わる頃には僕はずいぶん元気になり、入院1週間目にして初めて外に出た。階段を降りて中庭に出ただけなのだが、1週間ぶりの外の空気は気持ちよかった。僕は広い中庭をゆっくりと散歩した。ふと足元に、小さな青い花が咲いているのが目に入った。かわいいな、踏んじゃいけないな、と思って、その先はずっと花を踏まないように気をつけて歩いた。そんなことは以前の僕なら思いもしなかった。

僕の中で何かが変わったのだろう。2週間前までの「もう死にたい、すべて終わりにしたい」という、どんよりとした気持ちはすっかり消え失せて、早く元気になりたい。酒をやめて、人生をやり直したいと強く願うようになっていた。

この時、携帯電話で撮った花の写真は、今も大切にパソコンの中に保存してある。余談だが、退院後、その小さな花の名前を調べてみた。可憐に青く咲くその花の名は、オオイヌノフグリ。犬の陰嚢、という意味だという。犬のキンタマかよ…。退院して最初に書く曲のタイトルはこの花の名前にしようと思っていた僕は、心底がっかりした。

―退院―

2週間の第一期治療が過ぎた。僕はもう退院しよう、と決めていた。予想していたよりもはるかに回復していたということと、3ヶ月も入院して、その間仕事もできないというのは経済的にもキツい。話を聞くと、第一期治療で出る者はごくわずかで、ほとんどの人は3ヶ月ここで過ごすという。それも当然だ。大半の人は生活保護受給者で入院費もかからず、出ても仕事のない人が大半だ。アパートを引き払ってしまった人もいるのだ。3ヶ月も精神病院にいて、彼らはここを出たら、どこへ行くのだろうか？

医者やケースワーカーからは、退院を反対された。でも僕は、あと2ヶ月以上もここにいたら早期の社会復帰は難しくなるな、と思っていた。この2週間ですっかり体からアルコールは抜け、無茶苦茶な人たちを見たおかげもあり「酒を飲みたい」という気はまったく起こらなくなっていた。しかし担当医からは、退院後は「半年か、できれば1年は仕事をせずに休養すること」「外来で通院を続けること」「アルコール依存者たちの自助グループに通うこと」などの指示があった。

「1年休めって言うんですか？　おかげさまで僕はもうずいぶん元気になったから、もう大丈夫ですよ」

と言うと、医者は、

「みんなそう言うけど、あなたの体は自分で思っているよりはるかにダメージを受けているんだよ。半年は絶対に休んでください」

と諭すのだった。

たった2週間ではあったが、この入院で僕は今までの人生で見たことのないものをたくさん見た。感じたことのないものをたくさん感じ、考えたことのないことをたくさん考えた。アルコールも、ひとまずやめることができた。こうして僕の「精神病院入院」は終わった。

しかし、薬が切れたわけではなかった。相変わらず僕は処方された精神安定剤と睡眠剤、抗酒剤を服用していた。アルコール依存症の治療では酒は当然禁止されるが、その分、精神安定剤や睡眠剤に依存してしまう患者は少なくない。入院中はもちろんアルコールは飲まず、間食はまったくせず、あっさりした低カロリーの病院食だったので、体重は5キロほど落ちていた。5キロ落ちても、まだ80キロを超えた「立派なデブ」だったのだが。

第3章

アルコールからの離脱
薬へのさらなる依存

―退院してから～まさか、ＮＨＫの仕事が！―

退院してすぐに、新橋のヤクルトホールで開催されたウクレレのイベントにゲスト出演した。人前に出るのは半年ぶりで、持ち時間は20分。普段はいつも立って演奏しているのだが、この日は椅子に座って演奏した。たった20分だが、ずっと立って演奏する自信がなかったのだ。ずいぶん回復したと思ってはいたが、まだ少し動くだけですぐに疲れてしまっていた。

そんな僕に、大きな仕事の話が舞い込んできた。ＮＨＫ教育テレビの番組でウクレレの先生をやってみないか？というものだった。教育テレビ（現Ｅテレ）の「趣味悠々」という、その道のプロが視聴者に趣味を指南するという内容のものだった。

テキストとの連動企画で、番組開始の１ヵ月前には書店にテキストが並ぶことになっている。放送は11月から翌年1月までの３ヶ月。放送開始まではまだ５ヶ月あるが、打ち合わせやテキストの制作などがあるので、話が決まれば仕事はすぐにスタートすることになる。

僕は悩んだ。テレビの仕事というのは撮影自体もかなりハードだし、実際の収録がスタートする前の打ち合わせにも、相当な時間を取られることになる。医者からは、できれば1年間は仕事を休めと言われているのだ。今の僕にできるだろうか？　それともう1つ、気がかりなことがあった。

当時、日本におけるウクレレの第一人者のように言われていた僕ではあるが、つい最近まで、精神病院のアルコール病棟に入院していた身だ。自殺未遂騒ぎも起こし、警察の厄介にもなっている。もし、そんなことがNHKに知れたら、何か問題になるのではないか。

数日考えた結果、

「こんな状態の僕に、こんな大きな仕事のオファーがあるなんて、奇跡だ。これは神が僕に再起のチャンスを与えてくれたのだ」

と、この仕事を受けることにしたのである。

正式に仕事が決まると、まず先に発売されるCD付きのテキストの発売が10月25日に決まり、番組の内容の打ち合わせとテキストの制作が同時にスタートした。退院から3ヶ月。医者からは1年休めと言われている身ではあったが、楽譜、音源の制作、打ち合わせ、テキストの中の写真撮影と、急に忙しくなった。

NHKへ打ち合わせに行くことも増えたが、僕はなるべく車を使わず、電車で出かけるようにした。吉祥寺からNHKのある渋谷までは井の頭線で一本で行け、かつNHKは駅から少し遠いので、歩いて往復すると、リハビリにちょうどいい距離だった。

8月の渋谷の街を、僕は胸を張ってしっかりと歩いていた。深刻なアルコール依存に陥っていた半年前には、この街を「杖はどこで買えるんだろう?」と考えながら、やっとの思いで歩いていたのだ。それを思うと、今はアルコールを断ち切り、行き先は精神病院ではなく、天下のNHKだ。アルコール依存の後遺症で体はだるく、相変わらず太っていて体は重かったが、僕は晴れやかな気分だった。しかし何かをやっている昼間は気が紛れるが、夜になると相変わらず僕は不安に駆られ、うつ状態に陥っていた。ここ数年の失敗を思い出しては落ち込み、先々の事を案じては不安に押しつぶされそうになる。もう酒に逃げることのできない僕にとっては、精神薬だけが逃げ場となり、僕はますます精神薬に依存するようになっていた。

ＮＨＫの仕事が始まってからも、僕は依然として、井之頭病院のアルコール外来に通い、アルコール依存症の自助グループのミーティングにも通っていた。アルコール依存症は完治しない病気である。酒さえ飲まなければまったく問題はないが、何年禁酒しようとも、ひとたびアルコールを口にしてしまえば、あっという間に連続飲酒に戻ってしまうのだ。病院では、そんな話を何人もの患者から聞いた。

仕事が動き出すまでの間、僕は毎日のようにアルコール依存症の自助グループのミーティング会場を回った。ミーティングは毎日各地で開催されている。会場は公共施設の会議室や、キリスト教の教会を利用して行われることが多い。

アルコール依存症者には、このミーティングをひたすら回り続けているものが少なくない。入院するまでになったアルコール依存者は、ほとんどの場合仕事を失っており、時間を持て余しているということもあるが、退院したばかりのアルコール依存者達の多くは、

「ミーティングに出ている時間は酒を飲まずに済むだろう」

との思いで、ひたすらミーティング会場巡りをするのである。退院すると1人で酒の誘惑と戦い続けなければならないので、このようなミーティングに参加することで、気を紛らわしているのだ。

僕は、入院していた時に開かれた患者のOB会で知り合った人が、東京の「AA中野グループ」に所属していた関係で、JR中野駅近くのミーティング会場に通い始めた。そしてその日開催されている会場を調べては、各地のミーティング会場に出かけて行くようになったのである。

夏の間は、テキストの制作と番組の打ち合わせで大忙しだった。ウクレレの生徒役は、石原良純さんと遠藤久美子さんに決まった。2人とも、有名なタレントであり、つい数ヶ月前まで精神病院に入っていた僕が、このような人たちと仕事をすることになるとは、人生はつくづくわからないなと思った。

薬の飲み過ぎと思われる当時の不調は、季節や気温にかなり影響されていた。寒い時期はまったく動けなくなるものの、夏場は比較的状態がよかったのだ。精神薬を日常的に飲んでいると体温が低下するので、そのせいもあったのだろう。NHKの仕事が始まったのが夏で、久しぶりに大きな仕事ができる喜びと緊張感から、この時期は約束を忘れることも、仕事でのミスもなかった。やはり「明確な目的」と「責任」が男には必要なのだ。そして、心機一転やり直そうとしている僕に、また新たな試練が訪れた。9月になり、いよいよ収録が始まるというある日のことだった。

人生で2度目の離婚届

9月のある日、妻が僕に黙って封筒を差し出してきた。中に入っていたのは、離婚届だった。すでに必要事項は記入してあり、あとは僕が名前を書くだけになっていた。僕の2度目の結婚は、わずか2年で幕を下ろすことになったのである。アルコールで堕ちるところまで堕ちて、入院してやっとの思いで酒をやめ、新しいスタートラインに立ったばかり。

僕は迷惑をかけた分、これから再出発して挽回するぞ、と前向きになっていたので、このときは全身の力が抜けた。しかし、当然の結果でもあり、僕は受け入れるしかなかった。

こうして書いていると、何だかひどい思い出ばかりの結婚生活だったように見えてしまうが、もちろん楽しいこともたくさんあった。子供のいない僕にとって、ティーンネージャーの女の子と暮らした日々には、ほんのちょっとだけ父親気分を味わわせてもらったような瞬間も何度かあった。それらの瞬間は、山のような後悔の中に、今でもキラキラと光っている。ひどい状態の僕を入院中、そして退院後しばらく面倒を見てくれた妻に感謝しながら、僕は離婚届にサインしたのだった。

離婚の手続きも終わり、僕は家を出ることになった。場所はどこでもよかったのだが、以前住んで馴染みがあり、暮らしやすかった川崎市高津区近辺で検索した。高津区は多摩川を渡ればすぐに東京の世田谷区で、30分もあれば渋谷に出られるし、家賃も都内に比べればずいぶんと安い。

駅から10分以内で家賃10万円前後の条件で検索したら、一番最初に南武線の武蔵新城という町の新築アパートが見つかった。昔ながらの下町である。駅から7分ほどで、家賃は11万円。しかも駐車スペースは無料。1人暮らしにしてはちょっと高いと思ったが、駐車場つきは魅力だ。車は手放してしまっていたが、いずれ必要になるだろう。

「武蔵新城か……」

僕は運命的なものを感じて、実際に部屋も見ずに、図面だけで即決したのである。なぜなら、44年前、僕はこの町で暮らしたことがあったのだ。生まれてすぐのことだから、記憶はない。

当時、ともに山形大学教育学部を出た僕の両親は、地元では新卒教員の空きがなく、人口が急激に増えて教師が不足していた川崎市の教員採用試験を受けて、父は川崎市中原区の中学校、母は同じく中原区の小学校に就職したのだった。南武線沿線は工場地帯であり、当時は高度成長期で人口が激増して学校もどんどん増えていたのである。2人が結婚して住んだのが武蔵新城で、母はこの町で僕を身ごもったのだった。

出産時、母は山形に帰ったので僕は山形生まれだが、生後1ヶ月ほどで川崎に連れて来られて、以後数年はこの町で育った。僕の面倒を見るために父方の祖母も来てくれて、大人3人に赤ん坊1人が「風呂なし、共同トイレ」の四畳半アパートで暮らしたのだ。

農家の嫁だった父方の祖母は、明治生まれでまったく標準語が話せなかったので、買い物を頼んでも、言葉が通じず、目的のものが買えなかったことも何度もあったそうだ。昔の東北の農家の女には女言葉はなく、女でも自分のことを「俺」と言い、相手のことは誰であっても「お前」と言ったから、同じくらいの赤ん坊を背負った若いお母さんに、

「お前のところのオボコ（赤子）はよう…」

といきなり「お前」呼ばわりして驚かれたこともあり、ハラハラした、と父に聞いたことがある。昭和30年代、まだ若かった父と母と祖母が、僕を育ててくれた町。僕が最初の言葉を覚え、はじめて自分の足で歩いた町。

武蔵新城で生命を得た僕は、アル中になり、2度も離婚し、精神薬の常用でふらつく足で歩きながら、44年後にまたこの町に帰ってきた。人生のやり直しにこれほどふさわしい場所もないだろう。僕はそう思って、2度目の離婚後の1人暮らしを、この町に選んだのである。

この町で、生まれたばかりの僕と暮らす若き日の母に、

「あんたが今抱っこしている可愛い赤ちゃんはね、今から44年後に、アル中になって死にかけた後、1人でこの町に帰ってくるんだよ」

そう言ったら信じるだろうか。

「バカなことを！」

と言って、笑い出すか、怒り出すかだろう。そう、バカなことだ。俺は本物のバカだ。まさか、俺の人生、44歳にしてこんな展開になるとはなぁ……と呆然としつつも、とにかくこの状況を受け入れて前に進むしかない。人生やり直しだ。

しばらくは、駅前のスーパーや100円均一の店を廻り、洗濯バサミやらゴミ箱などから揃えていった。楽器以外は、ほとんど何も持っていなかったのだ。すでにNHKの収録が始まっていたので、自分が中心になり、何十人ものスタッフが動いているスタジオの雰

囲気と、商店街で生活用品を揃えて廻る地味な暮らしのギャップには、自分でも笑ってしまうしかなかった。

―ＮＨＫでのエピソード―

ＮＨＫの収録は、渋谷のＮＨＫではなく、世田谷にある外部のスタジオで行われた。出演者には、ハイヤーでの送り迎えがついた。半年前にはアル中で精神病院に入院していたのに、今はこうしてハイヤーが迎えに来るご身分だ。

アパートを出て車はすぐに第三京浜に乗り、多摩川を渡る。最初の結婚の時もこの辺りに住んでいて、あの頃はいつも自分の車でこの橋を渡っていた。最初の離婚で川崎を離れて、たった5年の間に生活は大きく変わった。一度死にかけた僕は、1人になってまた川崎に戻って来たのだ。

40半ばで1人になり、レコード会社との契約も切れ、お金もなくなってしまったけど、僕は今こうして、ＮＨＫが手配してくれたハイヤーで多摩川を渡っている。僕はまだやれる。この流れに乗れば、きっと状況は良くなる。引越し費用を捻出するために車も手放してしまっていたけど、いつかまた自分の車でこの橋を渡るんだ。僕はそんな思いで、車の窓から多摩川の流れを見ていた。

僕が講師を務めたNHK教育テレビ「趣味悠々」は、2008年の11月から翌年の1月まで、3ヶ月に渡って放送された。番組のテキストは再販され、合計8万部を売り上げた。テキストには、デブ時代の僕がたくさん写っている。ある日、高校時代の同級生の1人が番組を見て電話をくれた。

「……お前、一体どうしたんだ、あの太り方は！」

電話の向こうで彼は絶句した。

その後2010年の夏、父親が癌になり、手術をするというので、しばらくぶりに山形に帰った。父に会うのは5年ぶりだったが、入院中の父は、テレビで見る以上にぶくぶくに太った僕を見て、ショックを受けていた。子供の頃からやせっぽちだった僕が、80キロを超える立派なデブになっていたのだから。見舞いに行っておきながら、かえって心配させてしまった親不孝な息子であった。その後しばらくして、めったなことで手紙などよこしたことのない父から、僕の肥満を心配する内容の手紙が届いた。あれだけ急激に太っておきながら、

「年のせいさ。45才なら、こんなもんだろう」

と軽く考えていた僕だが、さすがに立て続けにハッキリと「お前は太り過ぎだ！」と言われると、「これはまずいぞ……」と思った。

周りの人たちもそうは思っていたのだろうが、ここまでハッキリとは言ってくれない。親や、同級生というのはありがたいものだ。そして、こんなに太ったのはやはり食べ物だ、これからは気をつけようと改めて思ったのだった。

番組は毎週月曜日の午後10時から25分間だが、お昼に再放送もあるので、全国に太って

まんまるになった僕の顔が何度も放送された。楽器店や、街やファミレスなど、いろんなところで「ウクレレのイワオさんですか?」と、声をかけられることも増えた。長くミュージシャンをやってきたが、「面が割れる」ような経験は初めてだったので、僕は「人生の流れが変わってきているぞ!」とワクワクした。

番組収録は毎回長時間におよび、大勢のスタッフに囲まれての撮影は緊張感に溢れていた。音楽的な部分はしっかり準備もしていたし大丈夫だったが、問題はしゃべりだ。僕はステージに立ってきた人間だし、ラジオ番組などを持っていたこともあり、人前で喋ることにはいささか自信があったが、プロのタレントさん2人の中に入るとまるで素人同然であったことを思い知らされた。

番組冒頭のあいさつなど、生徒役の2人は台本をチラリと見ると一瞬でセリフを覚えて、噛むこともなく、一発でオーケーを出す。タレントさんって、凄いんだなぁと感心したものだ。僕はなんどもトチってしまう。声の通りも2人に比べるとはるかに悪く、「もうちょっと元気よくお願いします」などと、何度もやり直しを要求された。

この時期は断酒して約半年。飲んでいた薬は、デパス1㎎を1日3回。寝る前に抗酒剤のノックビン。睡眠剤が数種類。不安時の頓服として安定剤のセルシンが月に10日分出ていたが、収録前には必ずセルシンを飲んでいた。

精神薬を常用すると、まず最初に言葉に影響が出てくる。口が渇き、筋弛緩作用によって口角の動きが緩慢になるので、モゴモゴとはっきりしないしゃべり方になるのだ。

いつもしゃべりを注意されるので、スタジオの楽屋で僕はいつも台本を大きな口を開けて声を出して下読みした。その頃は薬が原因だとは思わなかったが、やはり影響は大きかったのだろう。楽屋で、見るに見かねた石原良純さんから、ディレクターから合図をもらってから喋り出すまでの微妙な「間の取り方」を楽屋で直々に指導してもらったこともあった。

精神病院から退院後わずか半年、精神薬や抗酒剤を飲みながらの収録だったが、幸いにも大きなミスはなく、番組は無事終わった。アルコール依存症での入院、そして2度目の離婚。その直後に、たった3ヶ月とはいえ、NHKでレギュラーを務めたことは、僕にとっては一発大逆転ホームランになるはずだった。しかし、番組は毎週日本全国で放送され、テキストは8万部も売れたというのに、その後仕事が増えたかと言えば、拍子抜けするほどに状況は変わらなかった。

古くから僕を知る人たちは、テレビに映るぶくぶくと太り、精神薬の副作用でモゴモゴと喋り、虚ろな目をした僕の異常に気がついていたのだ。せっかくのテレビだったが、業界的には「イワオさん、ヤバイよね…」という評価になっていたことを、後日僕は友人に聞かされたのである。一生に1度あるかないかの大仕事だった。精神薬を飲んでいなければ、あの後どんな展開になっていたのだろう、と今でも時々思うことがある。

―起き上がれなくなる―

2009年12月のある日、鎌倉で、あるコンサートのゲストで呼ばれた時のこと。なんとか車で会場に向かい、サウンドチェックを終えた僕は、もう立っていることもできないほどフラフラになってしまった。楽屋に大きめのソファーがあったので、僕は会場の人に毛布を借りて、本番まで横になっていた。

風邪でもないのに、寒くてずっと体の震えが止まらず、もう立ち上がることもできなかった。
時間が来て、やっとの思いで立ち上がり、そのあと2時間近く1人でウクレレを演奏したのだが、何をどう弾いたのか、まったく記憶にない。どうやって帰ったのかも覚えていない。この頃、「起き上がるだけでしんどい」ことがたびたび起こるようになったのである。

アパートから駅まではそう遠くなかったのだが、この頃はどこに行くにも新たに購入した車で出かけるようになっていた。一時はどん底だったが、NHKの仕事のおかげで、多少のゆとりができていたのだ。車なら、とりあえず座っていられる。楽器を担いで電車で立っていることなど、まったく不可能だった。酒をやめて1年半以上経つのに、どうしてこんなに具合が悪いのだろうと不安で仕方がない。薬はきちんと飲んでいるだけに、これはむしろ薬の害が出始めているのではないか。風邪薬だって、10年も毎日飲んだらおかしくなるだろう。脳に直接作用する薬を毎日10錠以上、10年も飲み続けたら、ヤバイんじゃないか？　僕はそんな疑問を感じ始めていた。そして精神薬の害について、少しずつ調べ始めた。

しかし酒をやめてしまった今、もう睡眠剤なしで眠れる気はしなかったし、夜になると次々と襲ってくる不安に対しては、薬でごまかす以外の方法は思いつかなかった。少し不安になるとすぐに、頓服で出してもらっていた液状の強力な精神安定剤「リスパダール」を服用していた。ネットでいろいろと情報を集め、頭では精神薬の害を理解し始めていたが、もはや薬をやめることはできない体になっていたのだ。

ある時、次の通院日までの間に薬がなくなってしまった。うまく調整していたつもりだが、うっかりしていて3日分くらい薬を切らしてしまった。それに気がついたのが、あいにく週末のことで、まる3日は薬なしで過ごさなければならない。精神薬を飲み始めて以来、こんなことは初めてだった。

僕はパニックになり、土日空いている心療内科を探して、どんなに遠くても行ってやる！と気合いを入れて、片っぱしから電話をかけた。うつ病なのに、こんな時には気合いが入ってやる気満々になったのだから、不思議なものだ。

しかし、心療内科の初診はどこも予約制で、初診の予約が取れるのはたいていの場合、1ヶ月以上先になってしまうことが多い。何軒か電話で問い合わせをしてみたが、すぐに診てくれるところはなかった。僕は困って、近所の内科に飛び込みで入り、正直に事情を話し、

「通院中の心療内科が連休で、薬がなくなってパニックになってしまっている。薬を3日分だけでいいから出してほしい」

と訴えると、医者はパソコンで調べながら、心療内科で処方されているのと同じ精神安定剤と睡眠剤を出してくれた。想像以上にズサンな精神薬の処方に呆れながらも、今後はこの手があるな、とホッとしたものだ。

精神薬の副作用に疑問を感じながらも、この不調は脳の病気である「うつ病」であり、抗うつ剤でテンションを上げれば必ずよくなると信じていた。知識としては、

「身体にとって薬は毒であり、それを肝臓で解毒する過程で体に負担をかけ、代謝が下が

り、体温も下がり、身体の様々な不調を引き起こす」

というのはわかっていても、

「医者が言うのだから間違いない、医者の言う通りにすればきっとよくなる」

という、信仰にも近い思いで大量の薬を飲み続けていたのだ。

2009年12月の不調は深刻だった。僕は月1回、大阪までウクレレのレッスンに出かけていたのだが、ある日、朝から起き上がれなかった僕は、レッスン当日に大阪行きを断念し、近くのK総合病院というところに駆け込んだ。とにかく調子が悪いのだ、ということだけを強く訴えて簡単に検査をしてもらったのだが、クールな医者は、

「どこも悪いところはなさそうなので、何もやりようがない」

と言う。せめて点滴を打ってくれと言ったら、

「あれはブドウ糖をただ流し込んでいるだけだ。それだったらスポーツドリンクを飲んで家で寝てたほうがいいよ」

と突っぱねられた。この時は、「ひどい医者だ」と思ったものである。今思えば、商売っ気のない、いい医者だったのだが。

―2007年～2012年頃に感じていた、精神薬の副作用―

ここで再び、精神薬の副作用で実際に困ったことをまとめてみようと思う。

筋弛緩作用のある精神安定剤や睡眠剤を長期間服用していると、確実に握力が落ちてくる。ギタリストである僕にはそれがよくわかった。それも中途半端な落ち方ではなく、半分以下になったと実感した。最も薬の量が増えた2012年ごろは、ギターの弦もウクレレの弦も、市販されているもので一番細いものを張るようになっていたのだ。

精神薬の常用を続けるうちに、弦を押さえる左手に力が入らなくなってしまったので、細い弦を張ることでテンションを和らげるしかない。アコースティックギターの弦は、「ライトゲージ」と呼ばれる一番細い1弦の太さが0・12インチからのものが一般的である。1弦から一番太い6弦までが、0・12〜0・53インチというゲージだ。僕はギターを始めた10代の時から、ずっとこのセットを愛用してきた。

それが2011年には、0・11〜0・50インチの「カスタム・ライト」になり、0・10〜0・48インチの「エクストラ・ライト」になった。0・10〜のセットは「初心者、女性用」という位置づけであり、弦は細くなるほどに音は弱くなっていくから、押さえやすくはなるが、かなり薄っぺらな音になる。

ギターは、基本的に太い弦を張ったほうが豊かな音色が得られるが、僕は、もはやこの一番細い、女性用の弦しか押さえられなくなっていた。

ギターに比べれば遥かに押さえやすいウクレレの弦さえ、僕は押さえるのがしんどくなっていたが、ウクレレの弦はギターの弦ほど種類がないので、仕方なく僕はさまざまな釣り糸を買ってきて、代用していた。

この時期、ウクレレにも相当細い弦を張っていたので、かなり薄っぺらい音を出していたのではないか、と思う。あっという間に30キロ以上も太り、演奏中によだれを垂らしたり、極細の弦にしたために、楽器の音も今ひとつ、そして頻繁に約束を忘れたりと繰り返していれば、どんどん周囲の評判を落としていく。

このような副作用に苦しんでいた2010〜2012年頃に飲んでいた精神薬は、

精神安定剤：デパス　1mg／1日3回、

リスパダール1mg／頓服

躁うつ病の薬として：リーマス　200mgを2錠、1日3回、

デパケンR　200㎎を2錠、1日3回
睡眠剤：マイスリー10㎎（就寝前）、
ベンザリン5㎎（不眠時）。
である。

頓服を入れなくても、1日に16錠もの精神薬を飲んでいるのだ。これらの薬の副作用を「医薬品添付文書」から、まとめてざっと書き出してみる。

眠気、倦怠感、ふらつき、物忘れ、体重増加、口渇、便秘（抗コリン作用）眠気、不整脈、吐き気、発疹、皮膚炎、脱毛・毛髪変化、振戦（手先のふるえ）、筋強直（筋肉が硬く、動かしずらくなる）、アカシジア（足がムズムズしてじっとしていられなくなる）、ジスキネジア（手足が勝手に動いてしまう）、意識障害（意識がぼおっとしたり、なくなったりすること）、錐体外路症状（筋肉のこわばり、四肢の震えや痙攣、よだれが出たり話しづらくなる）、自律神経症状（血圧が上がったり、呼吸が荒くなったり、脈が速くなったりする）、発熱、倦怠感、黄疸（身体が黄色くなる）、褐色尿（尿の色が濃くなる）などなど。

……もちろん、これらすべての項目がいっぺんに起こることはないであろうが、これでよく生きていられるな、と思うほどの凄まじい副作用だ。そして、ほぼすべての薬の副作用に「ふらつき」が含まれている。僕にも実際にこの中のいくつかの副作用が現れた。つまるところ僕は何年もの間、

「車でカーブを切るときはフラフラと大回りに、楽器を弾く指先は時に震え（ビブラートではない）、マンツーマンのレッスンで意識を失い、夜電話がかかってくると睡眠剤でロレツが回らず、約束をたびたび忘れて」

生活していたというわけだ。

ちなみに、多くの精神薬の添付文書には、副作用として「体重増加」が書かれている。僕も実際に精神薬を飲み始めてからどんどん体重が増えていった。なぜ精神薬の副作用と

して体重が増えてしまうのか？

体重増加は精神薬の多くに認められる副作用である。これはある種の精神薬が、ヒスタミン1受容体、セロトニン2C受容体をブロックするためだと考えられている。また、精神薬が代謝を抑制することで、糖やコレステロール濃度が上昇することもあるという。長い間服用すれば、精神薬は「蓄積毒」として体内に溜まっていく。僕の経験から、「精神薬は基本的に太る薬」であると言っておきたい。精神薬を睡眠剤だけを残してやめた2013年3月、僕の体重はひと月で一気に8キロも落ちたのだから。

僕は精神薬を大量に服用していた2008年から2010年の約2年間に、覚えているだけで車の自損事故、接触事故を実に7回も起こしている。

2010年から2013年春くらいまでは、

「カーブをやたらと大回りする」

「ブレーキを踏むタイミングが遅い」

など、危なっかしくなっていた僕の運転を見かねて、現在の妻が主に運転してくれていたので、僕はほとんど運転していない。

19歳で免許を取得してから45歳までの26年間で起こした事故は、22歳の時に配達のバイトで運転していた軽トラックで、一時停止を怠ってタクシーと出会い頭に交差点でぶつかってしまった1回だけだ。車庫入れで擦る、などのちょっとした自損事故は何度かあったけれども、事故証明や修理が必要な事故は26年でただの1回だけ。

その後2013年夏から現在までの約5年、今はツアーもほとんど自分で運転して行くので年間2万キロ近く走るけれど無事故だ。免許を取得してからの36年間（2018年2月現在）のうちに僕が起こした車同士の接触事故は2回、修理が必要な自損は6回、合計8回だ。そのうちの実に7回までが、2008年から2010年のわずか2年の間に集中しているということは、どう考えても精神薬の副作用が原因だと言っていいだろう。

その2年は、最も大量に精神薬を服用していた時期だからだ。何年ものあいだ、精神安定剤・睡眠剤をずっと服用し続けている状態とは、こういうことなのだ。

「ぼおっとする薬」を朝から晩まで体に入れているわけだから、当然ながら常にぼおっとしているのである。昼は安定剤でぼおっとしているし、夜は眠剤を飲むので、24時間フラフラと生活していることになるわけだ。

―原田真二さんとのこと―

僕には精神薬の副作用でミスを連発し、迷惑をかけてしまったアーティストがいる。1970年代に、衝撃的なデビューをしたロック・アーティストの原田真二さんだ。僕は1996年から2008年までの12年間、彼のバックバンドでギターを担当していた。

それは2008年2月、東京渋谷のSHIBUYA-AXという1700人収容のホールで行われた、原田真二デビュー30周年コンサートでのこと。ヒット曲「雨のハイウェイ」

の間奏のギターソロのところで、僕は盛り上がってしまい、足元のモニタースピーカーを飛び越えてステージの前に飛び出そうとして、思いっきりこけてしまった。軽々とジャンプしたつもりが、思ったほど足が上がっておらず、スピーカーに足が引っかかってしまったのである。

最悪だった。精神安定剤を常用していれば、間違いなく運動能力も落ちる。この時僕の体重は、人生最大級の80キロ台後半にまで達しており、精神安定剤の常用で筋力が落ちていた僕は、ほとんどジャンプできていなかったのだ。コンサートが始まってすぐのことで、僕はあまりのカッコ悪さに、「ああ、終わったな……」と思った。それを真二さんが見ていたのかはわからないが、その日の打ち上げで、真二さんが僕に真剣な顔でこう言った。

「岩男くん、ステージに立つ人間がそんなに太っちゃダメだよ。特にギタリストが太ってちゃ、カッコ悪い。僕も太りやすいから、とても気をつけているんだ。体型を維持するのも、プロフェショナルとしての役目なんだよ」

しかし、見た目の問題だけでなく、普段から多量の精神薬でぼぉっとしていたので、覚

え も悪く、自覚している以上にミストーンなども多くなっていたのだろう。リハーサル時に、

「エレキギターのピッチ（音程）、ちょっとおかしいよ」

と注意されたこともあった。アコースティックギターに比べてエレキギターの弦は細いので、押さえ方の加減で微妙に音程が変わってしまう。握力が落ちて、かなり細い弦にしてしまっていたので、力の加減がうまくいかずにピッチが不正確だったのだと思うが、そういった微妙な部分には、自分ではほとんど気がつかなくなっていた。

誰もが認める天才ミュージシャンである原田真二さんのステージでギターを弾くのは、僕にとっては夢のような経験だった。しかし、「ミスの多い、太ったギタリスト」になってしまっていた僕は、あの30周年コンサートを最後に、ステージを去ることになってしまったのである。

精神薬でぼおっとしてミスしても、誰もそれが薬のせいだとは思わないから、だんだん

と仕事を頼まれなくなる。僕は身をもってそれを体験した。ここで、僕が体験した精神薬依存の症状を、具体的に書き出してみようと思う。

―精神安定剤・デパスへの依存―

デパス、という定番の精神安定剤がある。直径6ミリほどの薄い錠剤で、口に入れるとほんのりした甘みが口に広がる。精神薬依存者の間でデパスが「ラムネ」と言われるゆえんだ。多くの錠剤がそうであるように、デパスにも砂糖か人工甘味料が含まれているのだろう。

デパスについて、検索エンジンなどで調べると

「おだやかな作用の心の安定薬」「緊張や不安をやわらげます」「副作用が少なく安全性が高い」「筋肉をほぐす作用により腰痛や肩こりに処方されることもある」

など、安全な精神薬だとして紹介するサイトが多くみられる。

反面、副作用について説明しているサイトも見つけることができる。

「精神的な依存性が高い」「ベンゾジアゼピン系の中でも依存性は高い」「薬が切れるのが不安で手放せなくなる危険性」

など気軽に服用すべきではないとする記事も多い。

2016年10月には厚生省がデパスを、投与期間の上限を定めた第三種向精神薬に指定した。それを週刊現代が「厚生省もついに認めた！この「睡眠薬・安定剤」の濫用にご用心」として記事にしている。

週刊現代の記事では、デパスが認知症やせん妄の原因になる可能性を指摘。このことからデパスは医者が言うほど安全性が高い薬ではないことがわかる。

しかし、僕が通った9軒のクリニックでは、副作用の説明などほとんど受けたことがなかった。

僕はいつの間にか、かなりのデパス依存者になっていた。特に不安を感じていなくても朝昼晩と、時間が来たら飲まないと不安になってしまっていた。精神安定剤が逆に精神の不安定を作っていたのである。でも僕は、何かにつけて「うつ病だから仕方がない」と、自分に言い聞かせて納得していたのだった。

僕は長年飲んだデパスの味を、未だにありありと口の中にイメージすることができる。良薬口に苦し、というけれど、デパスは甘い薬だった。

僕は2013年4月にすべての精神薬をやめる決心をしたが、その後、激しい落ち込みに襲われて、引き出しから出てきたデパスを1錠、迷った挙句に飲んでみたことがある。薬がすっかり抜けた体に、デパスは強力に効いた。僕はフラフラになりベッドに倒れこみ、そのまま数時間寝たのである。デパスは決して「軽い安定剤」などではない。常用しているると体に耐性がついて、効かなくなっていただけだったのである。

―よだれが出る強力な精神安定剤・リスパダール―

精神薬を服用していた12年間に飲んだ薬は35種類を数えるが、その中でも「これはかなりヤバかった」と思われる薬の1つが、液状の精神安定剤「リスパダール」だ。頓服として出された薬だが、これは強力だった。パッケージの封を切って口に流し込むと独特の苦味が口に広がり、しばらくすると軽いまどろみが訪れる。ああ、ずっとこんな気分だったら楽なのに、と思う。

酒に酔うことも、安定剤に酔うことも本質はまったく同じで、「問題の先送り」でしかないのだが、そういう時は「取りあえず、今をやり過ごせればそれでいい」としか考えられなくなっている。リスパダールを飲み始めたのは、2008年3月にアル中になって入院し、断酒を開始してすぐ後のことだ。結局、僕はアルコールに代わるものを求めていた。

このリスパダールを常用するようになってしばらく経ったら、下を向いた時に口の端からよだれがこぼれるようになった。強力な「筋弛緩作用」により、ほっぺたの筋肉が緩んでしまったのだろう。ステージで演奏中下を向いた時に、何度かよだれが垂れたことさえあった。前方のお客さんは、間違いなく気づいたはずだ。

精神安定剤を常用していると、眼がとろんとして顔に締まりがなくなってくる。今僕は、電車に乗っていても、精神薬を常用している人はすぐにわかる。目つき、顔つきでわかるのだ。よだれを垂らしながら演奏しているようでは、ミュージシャンとしては完全にアウトだ。「これはリスパダールの副作用だな」と感づいていたが、もはや自分の意思ではやめられなくなっていた。

リスパダールを最もたくさん飲んでいた2009年の冬は、仕事をキャンセルすることがたびたびあった。何しろ、体が動かないのである。とにかく常に体が重くてだるい。トイレに行くにもやっとという感じであった。夜、睡眠剤を飲んでからかかって来た電話は覚えていないことが多く、レコーディングの当日マネージャーからこんな電話がある。

「おはようございます。岩男さん、スタジオでみなさんがお待ちですよ。今、どちらですか?」

この時期、短い間だが僕は、大手の事務所に所属していた。

あれっ、今日、なんかあったっけ? 手帳にはなんにも書いてないぞ…またやっちまったか。レコーディングなのか、取材か何かなのか? 何も思い出せないけれど、まさか「なんで電話して来たの?」とも聞けず、

「ごめんなさい、えーと、僕、時間を間違えてたかも知れません。何時からでしたっけ? 他にあと誰か来てますか?」

などと言って、どんな案件だったか探りを入れる。そして、数秒後、内容を思い出して血の気が引くのだ。

この数年間、こんな風に仕事をすっぽかしてしまったことが何度かあった。こうして僕は、再び評判を落としていったのである。僕の経験上、一度キャンセルした相手からは、

2度と仕事を頼まれることはない。そして、せっかくマネージメント契約を結んだ大手事務所とも、数度のすっぽかしが原因で、契約を解除されてしまった。NHKの仕事で、

「流れが変わるかも」

と思ったのはつかの間で、僕はまた少しずつ悪い流れに戻っていくのを感じていた。

心療内科で「よくならない」と症状を訴えるたびに、どんどん薬が増えていく。こんなに毎日薬を飲んでたら、絶対にヤバい。医者は「多少の副作用は仕方がない」と言う。医者の言う副作用とは「吐き気、ふらつき、口の渇き、手の震え」など軽いものだけだが、インターネットで検索すると、副作用の数々や、重篤な副作用での死亡例さえ出てくる。

「今度こそ、心臓が止まっちゃうかも知れないな…」

離婚して1人暮らしだったその頃は、死亡時の連絡先や楽器の処分方法、生命保険の書

類、葬式の時遺影に使ってほしい写真などのデータを入れたＣＤなどを封筒に入れ、いつも枕元に置いて寝ていた。その封筒は、今も捨てずに取ってある。

3度目の結婚

鬱々とした冬が過ぎ、少し暖かくなってくると気分も上向いてきた。冬に具合が悪くなって心療内科に行くと、「冬季性うつ」などと言われてしまうことがある。しかし哺乳類は基本的に、冬になれば副交感神経が優位になり、あまり活動的ではなくなり、逆に暖かくなるにつれて交感神経が優位になって、活動的になるという性質がある。なので、冬に元気がなくなり、夏になれば元気になるのは生物として自然のことなのだ。そして２０１０年の夏、僕は数年ぶりに比較的元気に過ごすことができていた。

人生は本当に何が起こるかわからない。もう、今後結婚することはないだろう。一生独身なんだろうなと思っていたのだが、比較的調子のよかったその夏、ツアー先で現在の妻と知り合った。ウクレレを習っていた彼女は、知人に誘われてコンサートにやってきていたが、僕のことはほとんど知らなかったらしい。僕はまだ太っていたし、精神状態もよくなかったが、そんな僕を看護師であった彼女はなんとかしなければ…と思ってくれたのかもしれないが。

出会ってから数ヶ月の遠距離恋愛のあと、2010年10月のある日、遂に彼女は僕のところにやってきた。看護師をやめてアパートを引き払い、軽自動車に積めるだけの荷物を積み込んで、350キロの道のりを運転して来てくれたのだ。東名高速が工事で渋滞して、愛知県から8時間もかかってしまった彼女を、東名川崎インター近くのファミレスの駐車場まで迎えに行った。そんな風にしてバタバタと慌ただしく、僕らの新婚生活はスタートした。

彼女には、看護師の仕事はせずに、僕の仕事を手伝ってもらうことにした。人生も半ばを過ぎてからの結婚だから、生活は楽でなくとも、なるべく一緒の時間を持ちたい、と思ったからだ。40代も後半になれば、人生はどんどん加速して、1年はあっという間に過ぎていく。僕は残りの人生を、1秒たりとも無駄にはしたくない、と思い始めていた。

僕はうつ病やパニック障害と診断されていること、精神薬を飲んでいることを、彼女には話していなかった。一緒に暮らすようになってからも、隠していた。彼女が最終的に勤務していたのは、精神科クリニック併設の認知症デイケア施設。結婚相手が、この時点でもう10年も心療内科に通院して、いまも山のように精神薬を飲んでいるなんてシャレにならない、と思ったからだ。

40過ぎて、安定した看護師の仕事をやめて、誰も知り合いのいない神奈川まで来てくれた妻。人生の後半を僕に賭けてくれた彼女に対して、僕はいきなりこんな「後出しジャンケン」をしてしまったのだ。しかし、月に2度の通院と、その度にもらってくる大きな薬袋を隠し続けられるわけはない。

一妻が見つけた薬袋と診断書一

ある日のこと、妻はうっかり見えるところに置き忘れてしまった薬袋を見つけてしまった。そしてほぼ同じ頃に、本棚を整理している時に僕の診断書のコピーを見つけて、あま

りのショックにその場に座り込んでしまったという。そこには、

「双極性精神障害」

と書いてあったからだ。妻には一時的な病気で、やがて治るであろう「うつ病」ではなく、治る見込みが少ない「双極性精神障害」という病名がつけられていたことが、この上なく大きなショックだったのである。そのことを彼女は僕に言えず、

「大変な人と結婚してしまった」

と1人悩むようになったという。

なぜ本棚に診断書のコピーがあったかというと、当時僕は医師の勧めもあり、「自立支援医療制度」を利用していた。これは診察代と薬代が高額な精神医療に対しての支援制度で、診断書を添えて市町村に申請すれば、国民健康保険で3割負担のところが1割の負担

で済む。たいていのクリニックではしばらく通院すると、「こういう制度がありますよ」と教えてくれるし、簡単に申請できるので、精神科・心療内科に通院する患者の多くが利用している制度だ。

僕の場合、月によっては通院費用が2万円近くになることもあったから、この制度はありがたかった。そのために診断書を取り、念のため僕はコピーを取って、クリアケースに入れて本棚に挟んでおいたのだった。それを、彼女が見つけた。

診断書を取った時は僕も驚いた。なぜなら、うつ病とパニック障害で通院していたはずなのに、いつの間にか、

「双極性精神障害」

という、かなりヤバそうな病名に変わっていたからだ。いわゆる、躁うつ病だ。

パキシルなどの抗うつ剤で一時的にハイになったり、逆に寝込んだりを繰り返していた時期に、それを医師に伝えたら、いつの間にか「躁うつ病」ということになっていたので

ある。僕は医者の口から直接その病名を聞いたことはなかったので、診断書を見て驚いたものだ。

元気がなければ「うつ病」と言われ、強力な抗うつ剤でテンションが上がればそのまま「躁うつ病」にされてしまった。とはいえ、元気のないことの方が圧倒的に多かったので、自分ではうつ病だということで納得していた。当時の僕にとっては、自立支援医療制度が受けられ、薬代が安くなれば、病名はなんでもよかったのだ。

―薬への疑問―

彼女が最後に勤務していたのは、精神科のクリニックに併設された認知症のデイケア施設だった。

認知症の治療には「アリセプト」という薬が使われる。認知症の進行を遅らせると言われる薬だが、脳に直接作用する他の精神薬同様に、この薬もさまざまな問題が指摘されている。前述した「パキシル」同様の攻撃性が発現したり、不整脈、気管支喘息などの副作用も指摘されている。

彼女は実際に入所者と日々接する中で、アリセプトを使っても認知症が改善されるどころか、かえって悪化させているのではないか？と感じていた。認知症の患者には、アリセプトだけでなく、精神安定剤や抗うつ剤、睡眠剤などが併用されることも多い。症状は一向に改善しないまま、患者が薬漬けになっている状況を目の当たりにして、いつしかそれは看護師でありながら、薬や西洋医学そのものに対しての疑問となっていたのである。

僕の薬袋を見つけた日から、彼女は僕の薬への依存をやめさせ、食べ物や日常生活を通して回復させるようにゆっくりと動き始めた。

そんな施設での体験を踏まえ、

「薬を少し減らしてみたら」

という彼女に対して僕は、

「うん、薬はきっとよくないよね……」

と口では言いながら、まったくやめることができないどころか、減らすこともできなかった。精神安定剤を忘れて出かけた時は、たとえ仕事先に遅刻しても、薬を取りに戻った。僕は完全に精神薬に心身ともに深く依存してしまっていたのである。

2011年1月。コンサートのために沖縄に行った時のこと。羽田空港に着いて、僕は薬を忘れたことに気がつき、パニックになった。もう10年も毎日欠かさず薬を飲んできた僕にとって、1週間も薬なしでいるのは到底不可能に思えた。心臓や喘息の発作の薬ではないから、飲まなくたって身体的には問題はない。そもそも「いつもなんとなく不安」で「いつもなんとなく眠れないと思っている」だけで、パニック発作などもう10年近く一度も起こったことはないのだ。しかし、

「どうしよう……」

と空港のカウンターでうろたえる僕を見て、妻は、

「私が取りに行ってくる」

とタクシーを飛ばしてアパートまで取りに行ってくれた。

この日はたまたまかなり早めに空港に着いていて、出発まで2時間以上あったので取りに行けたのだ。薬をやめてほしい…と思っていても、この先1週間、薬がない不安の中ではとてもこの人は過ごせない、と思ったのだろう。自分の夫を蝕んでいるのはこの薬だと確信しながら、それを取りに往復1時間以上も1人でタクシーに乗っていた彼女の気持ちを考えると今でも胸が痛くなる。

―沖縄で・妻の最初の企み―

僕は知らなかったのだが、この沖縄行きには、妻が考えていたあるプランがあった。薬

を使わずに、「前世療法」などで患者を治療する精神科医・越智啓子さんの「啓子メンタルクリニック」の受診である。僕はこのような世界をまったく信じないタイプではないが、妻は最初からそんなことを言っても僕が拒否するだろうと思い、

「実は、私は先生の本を読んでいて、とても興味があるから行ってみたいの。先生と話すには受診するしかないから、予約も取っちゃった」

と、僕を連れ出したのだ。そこには、クリニックに併設されたカフェがあり、海が一望できてとても素敵なのだ、という。

僕らはレンタカーでクリニックのある沖縄本島中央部の恩納村へ向かった。東シナ海を一望する小高い丘の上に「啓子メンタルクリニック」はあった。受付で妻がしばらく話をして戻って来た。

「……私が受診するというのは嘘。あなたを診てもらいたかったの。でも、こういうとこ

ろをあなたが好きではないと思って、嘘をついたのよ。ごめんね。私も一緒に入るから、診てもらって」

薬でヘロヘロな僕をなんとかしようと、妻はこんなことを考えてくれていたのだ。この後も妻は、薬をやめさせようと僕をあの手この手で誘い出すのだが、これが最初の「企み」だった。

「前世療法」の詳しい内容にはここでは触れないが、ていねいなカウンセリングの最後に啓子先生は僕を抱きしめて、

「大変だったね。生まれてきてくれてありがとう」

と言ってくれた。不覚にも僕は、ボロボロと泣いてしまった。ありがたくて、情けなくて、僕は涙が止まらなかった。

薬に対する先生のアドバイスは、

「すぐに全部やめるのは大変だから、少しずつ減らしていければいいよね」

という、スタンダードなものだった。

「そうだよな、どう考えても飲みすぎだよな…もう、10年になるんだもの」

診察の後、併設されたカフェ「天の舞」でコーヒーを飲みながら、僕は薬を飲み始めてから今までのことを思った。

「あなたみたいな人は、一生薬を飲むんだよ」

最初の心療内科で僕にこう言ったY医師の顔が浮かんだ。

目の前には東シナ海が広がっている。太古の昔、この海を渡って大陸から多くの人が渡ってきたのだ。昔の人は、どんなに不安でも、精神安定剤なんか飲んでなかったんだよな、と僕はふと当たり前のことを想った。

この日を境に、よっぽどのことがなければ頓服を飲むのはやめよう、眠れそうな時は眠剤を抜こうと思った。抗うつ剤でうつ病がよくなるとも、もはや思えなかった。しかし、僕は通院を続け、まだまだ精神薬への依存から抜け出すことはできなかったのである。

第4章

薬との闘い

―岐阜への移住―

2011年にコンサートで訪れた岐阜県羽島市の打ち上げの席で、

「いろいろと大変なことが続いて疲れちゃってね、根本的に環境変えたいと思っているんだ。これからは田舎で畑でもやりながら、のんびりと音楽をやって行きたいんだよね」

というようなことを言ったら、主催者の1人に、

「この辺はいくらでも家は空いてますよ。畑もたくさんあるし。岩男さんが来てくれるんだったら、いろいろと頼みたい仕事もある。家は探しますから、ぜひ一度住んでみてください」

と熱く語られてしまい、僕は軽い気持ちで、

「じゃ、お願いしますよ」

と答えたのだった。

彼はすぐに不動産屋に連絡してくれて、その後しばらくして貸家の図面がファックスで届いた。結構広い戸建の貸家で、家賃は6万5000円。車も停められる上に、管理費もないので、今の家賃の半分だ。敷金や礼金も不要だという。木曽川のすぐそばなのもよさそうだ。周りに建物がなく、音が出し放題なのもうれしい。

その辺りは、かつて妻が暮らしていたエリアでもあり、愛知県の妻の実家も近い。妻も安心だろう。東海道新幹線の岐阜羽島駅も近いので、東京も大阪も新幹線に乗ってしまえばすぐだ。これも流れだ、えい、引っ越しちゃえ！ということになり、僕らは岐阜県羽島市に住むことになった。

正直に言えば、もう中央の音楽シーンでバリバリやっていける自信がなくなっていたのである。幸いなことに、僕には多くはないが印税収入や、スタジオミュージシャンとしての二次使用料があるので、このくらいの家賃なら、最低限の生活はできる。あとはウクレレの先生をしたり、楽譜の仕事など、自宅でできる仕事をしてなんとか食べていければいい、と思い始めていたのだ。

しかし、僕が岐阜に引っ越して初めてしたことは、地元での心療内科探しだった。心療内科の場合は、病院が変わっても、現在服用中の薬を言えばほとんど同じものを出してくれる。あとは通院のたびに「どうですか？」と聞かれて、「特に変わりありません」などと言っていれば、

「まぁ一生つき合う病気ですから……」と返され、同じ薬が処方され続けるだけである。

心療内科通いにもすっかり慣れていた僕は、初めて心療内科の門をくぐった時のような緊張感はまったくなく、車のディーラーを探すような気持ちでクリニックを探した。何軒か電話を入れて、一番早く初診の予約が取れたD病院を受診した。心療内科もすでに7軒目。初診の最後に、

「今回薬はどうしましょうか？」

と医師に聞かれた僕は、

「デパスが最近あんまり効いてない気がするので、その前に出してもらっていたワイパックスに変えてみたいんですけど」

と言ってみた。

医師は、苦笑いしながら、

「例えるとね、明治のチョコレートがいいか、森永のチョコレートがいいかっていうような話でね。同じようなもんですから」

と答えた。そして、結局同じデパスを処方してもらうことになった。

山形と関東の暮らししか知らなかった僕にとって、岐阜での暮らしは新鮮だったが、体調は一向によくならない。そして岐阜での暮らしが1年になると、どんどん自分が音楽業界のメインストリームから離れていってしまっていることに焦りを感じ始めるようになった。

もう音楽業界に疲れて、のんびりやりたい、と思っていたのに、勝手なものだ。それに、岐阜の冬は想像以上に寒く、冬場の落ち込みはますますひどくなり、また起きられなくなっていた。

精神薬に限らず、体にとっての異物である薬を摂取し続けることが体に負担をかけることは、知識としてはもう十分にわかっていた。これはうつ病なのか、薬の副作用で体が弱っているだけなのか…。そう自問しながらも、僕は長年続けて来た習慣をただ継続するように、決まった時間が来ると精神安定剤を飲み、寝る前には眠剤を口に放り込んだ。ネットにはいろいろと書いてあるけれど、俺は薬の副作用でだるいんじゃない。俺は、うつ病なんだから、今は仕方がないんだ。僕は何度も自分に言い聞かせた。

寝たきりの冬

相変わらず鬱々としていた僕だが、2012年の11月に、地元で行われる大規模なハワイアンイベントの総合プロデュースを任されることになった。ゲストのキャスティングから、音響・照明などの手配まですべて、である。長く音楽の世界にいたが、このような仕事は初めてだった。しかも、イベントにはかなり大きな予算が組まれていた。

本番までの数ヶ月間、イベントに関するミーティングが週1、2回、夕方から行われたのだが、そのミーティングに出かける夕方4時ぐらいまでまったく布団から出られない日々が続いた。朝から起きてはいるのだが、どうしても布団から出る気にならないのだ。

まだ川崎で1人暮らしをしていた2009年の年末から、毎年冬になると僕をいつも襲ったこの恐ろしいまでのだるさは、それまでの人生で経験したことのないものだった。2週間に1度の通院のたびに、僕は医師に、

「とにかく体がだるくて動けないんです。本当に、どうしようもないんです」

と訴えたが、

「うつ病の人は、冬場はみんなそんな感じですよ。抗うつ剤を変えてみましょうか？」

と抗うつ剤の変更を提案されるだけだった。

僕はこの時点で、日本で認可・発売されている抗うつ剤のほとんどすべてを使用していたが、どんな抗うつ剤を飲んでも、一向に体調は改善しなかった。

あと30分したら起きよう、と午前中から思い続けているのだが、結局お昼を過ぎても起きられない。食事もお昼はアイスクリームだけ、ということもあった。そういうものしか喉を通らなくなっていたのである。

精神薬依存と甘いものへの依存に相関関係があるのかはわからないが、この動けなかった時期は、とにかくアイスクリームが食べたくて仕方がなかった。妻に頼んでいつもスーパーでバータイプのアイスをまとめ買いしておいてもらって、僕はお腹が空くと食べたいだけ何本も食べていた。

空きっ腹に砂糖たっぷりのアイスを食べれば、急激に血糖値が上がり、一時的に気分が上がる。その後、インシュリンの働きで急激に血糖値が下がると、一気に気分も落ちて、一種のうつ状態となる。これを繰り返していれば、膵臓に負担がかかり、糖尿病の危険が出てくる。当時はそんなことは知らずに、つかの間の快楽のために僕はアイスをほおばり続けた。そして満足すると、また布団に潜り込んでいたのである。

そのまま夕方になり、どこからともなく夕暮れのチャイムが聞こえ、僕は決心して重い体を持ち上げる。まるで吉祥寺の頃、「夕焼け小焼け」のメロディーを聞いてコンビニに酒を買いに行った頃とまったく同じだった。しかも今は酒を飲んでいないのに起きることができない。酒による不調ではないことは明らかだった。

薬を常用すると体温が下がる、と言われているが、この時期の僕は常に低体温の状態にあり、寒くて布団から出られなかったのではないかと思う。大型の石油ストーブをガンガン焚いて、室温は30度近くになり妻は暑がったが、僕はそれでも寒さに震えていたのである。

「ねぇ…今日、ホントに起きられないからさ。生徒さんに電話してレッスンをキャンセルしてくれないかな」

僕はたびたびレッスンをキャンセルするようになった。いつも生徒さんに連絡するのは妻の役目である。都合の悪いことは、いつも妻に頼む。困った顔をして僕を見る妻に、

「うつ病だから、仕方がないよ…」

僕はそう言ってまた布団に潜り込むのだった。

妻が買い物などに出かけようとすると、調子が悪く寝たきりだった僕は、

「どれくらいで帰ってくるの？」

と子供のように怯えた。

そんな僕を見て、妻はなかなか買い物にも出られなかったという。1人になると強い不

安が押し寄せてきて、どうにもならなかったのである。妻はこもりっきりの僕をなんとか外出させようと、よく僕を車に乗せて、喫茶店に連れ出してくれた。愛知、岐阜エリアには不思議な喫茶店文化があり、個人経営の喫茶店があちこちにある。喫茶店に行くと、僕は嬉々として、いつもケーキセットを頼んだ。

「春になったら…あったかくなったら少しはよくなるからさ。今だけだからさ、ごめんね」

僕はそう言いたかったが、実際にはいつも黙ったままコーヒーを飲み、甘いケーキを食べていたのである。ほとんど引きこもり状態で、ケーキやアイスクリームを食べている時だけ笑顔を見せる夫を、彼女はどんな思いで見ていたのだろう。すべてを捨てて岐阜から神奈川に出て行ったのに、1年後にはなぜか岐阜に戻されている。そして、夫は何もできなくなってしまった。

働きに出るにも、ほとんど寝たきりの夫を置いて外に出るわけにはいかない。彼女の顔からいつしか笑顔が消えてしまっていた。しかしその頃の僕には、そんなことにさえ気がつく余裕がなかった。お先真っ暗だった岐阜の冬を思い出すと、今でも悲しくなってくる。

まさか！レッスン中に寝てしまう

授業で、生徒が寝てしまうということはあっても、先生が寝てしまうというのは聞いたことがない。かなりの量の精神安定剤と睡眠剤を常用していた時期に、僕はウクレレの個人レッスン中に、生徒さんの前で寝てしまったことがあるのだ。楽器店の奥にある四畳半ほどの狭いレッスン室でのことだった。

「じゃ、最初から1人で弾いてみて」

……目の前で生徒さんがポロポロと弾くウクレレの心地よい音色もあったのかもしれないが、僕はうっかり「寝落ち」してしまい、「先生！」という生徒さんの声でハッと目が覚めた。

「もう、先生、寝てたでしょ！信じられない……」

と生徒さんは目を丸くしている。申し訳ないが、僕の方こそ信じられなかった。マンツーマンのレッスンで、すぐ目の前に生徒さんがいるのに、あろうことか、僕は寝てしまったのだ。

失礼極まりない話である。特に睡眠不足というわけでもなかった。自分でもこれは薬の副作用だな、とピンと来て血の気が引いた。

思い返せば2005年、森山直太朗のコンサートにギタリストとして参加していた時にも、長いトークの間にフッと眠りかけてしまったことがあった。その時も僕はステージに上がる直前にデパスを飲んでいたのだ。しかし一対一で、しかもこちらが喋る側で寝てしまうというのは相当ヤバイだろう。

生徒さんは、「なんなんだ、この人は」と思い、心の中で「最低…」とつぶやいていたに違いない。今でもあの時のバツの悪さを思い出すと、いたたまれなくなる。

―岐阜での引越し―

2012年の2月に、ちょっとした事件が起きた。2人で車で出かけた後帰宅したら、1階リビングのガラス窓が割られていたのだ。空き巣未遂だ。

割れたガラスを見た妻は、ショックのあまりに泣き出した。寒かったので僕はとりあえずガムテープで補修し、警察を呼んだ。恐らく、遠方から車で来たプロの集団で、ガラスを割った直後に人に見られて、逃げたのだろうと警察官は推測していた。

この数時間後、妻の父親が急死した、という電話が入る。空き巣にガラスを割られ、父親が突然亡くなり、数日後には一緒に行くはずだったハワイのイベントも僕1人で行くことになってしまった。もともと、かなり怖がりな妻は、同じ日に重なった不幸な出来事に、すっかり憔悴してしまった。

僕は寝たきりとはいえ、時々は仕事で出かけていたし、東京でのレコーディングなどの場合は数日家を空けるので、その間妻は1人になる。周りにあまり家のない、広い一軒家に1人、というのは実はとても不安だったと妻が言い出したので、僕らはもう少し街中のアパートに引っ越すことにした。

ほとんどこもりっきりの岐阜時代だったが、僕は自宅録音でアルバムを2枚制作している。1枚は、大手レコード会社から依頼されて作った、コブクロのウクレレ・カヴァーアルバム。もう1枚は、シンガーソングライター・山口岩男としての全11曲、全曲新曲のアルバム「グッドタイムス・ローリン」である。

木曽川沿いの2人暮らしには広すぎた一軒家から、羽島市竹鼻町の新築アパートに引っ越した僕は一時的にテンションが上がり、数ヶ月の間に11曲の歌を作詞作曲、そのまま自宅でレコーディングした。パーカッション、サックス、ベース、ハーモニカなどは、東京のスタジオまで行き、友人のミュージシャン達を呼んで追加録音したのである。

岐阜時代、深刻な体調不良で動けなかった僕は、もうミュージシャンとしてやっていくのは無理かも知れない、との思いが日々募り、時々ネットで求人サイトなどを見たりすることもあった。しかし、ギターやウクレレを爪弾いて、たまにいいメロディーが浮かんだりすると、

「俺はまだやれるかも……」

と、つかの間満たされた気持ちになるのだった。

希望と絶望の繰り返しの中、音楽を作ることでしか自分は前へ進めないのだ、とある日思った僕は、もう何年も向き合ったことのなかった「歌作り」をしよう、と思い立ち、ギターを持って歌を書き始めたのだった。そうすることでしか救われない自分がいたのだ。ウクレレ奏者としての活動がメインになってから書く曲は基本的にインストゥメンタル（器楽曲）で、歌詞を書くことはもう10年以上ほとんどなかったから、最初は何をしていいかわからないほどだった。しかし、1曲、2曲とできていくうちに楽しくなってきて、あっという間に11曲を書き上げた。夜中まで1人で録音に励む僕を見て、

「こんな状態でも、この人は音楽を作ろうとするのか」

と妻は唖然としたという。この姿を見たことが、ギリギリのところで「この人は大丈夫か

もしれない」との思いに、かろうじて繋がっていたのかも知れない。

このアルバムは「グッドタイムス・ローリン」というタイトルで小さなレーベルから発売された。現在は廃盤になってしまっているが、ダウンロード販売は継続されている。自宅録音で音もよくないし、声も出ていない。でも、このアルバムの中には、僕が辛かった時期の空気がそのまま残っている。そして、このアルバムは、僕が精神薬を飲みながら作った最後のアルバムでもある。

このアルバムを作り終わった僕は、久しぶりの達成感に満たされていた。そして、

「東京に戻ろう」

と思ったのだ。

―再び東京へ―

ハワイアン界の大御所を迎えたイベントは、なんとか無事終わり、レコーディングや打ち合わせで東京へ向かう機会も増えていた僕は、再び関東に戻ることに決めた。もう49歳になっていたので、次の引っ越しは最後にしたいと思った。そしてどうせなら、最後は憧れの湘南に住みたい。何よりも湘南は温暖である。湘南に住めばきっとよくなる……。

しかし、永住を前提とした家探しは遠方からではなかなか難しかった。体調が悪く、長く歩けなかったので、「駅から近く、猫が飼えること」を条件に探してたまたま検索でヒットしてきた八王子の賃貸マンションにいったん引っ越して、本格的に湘南での家探しをすることにした。

八王子というのはまったく考えていなかったのだが、2度目の離婚後、いろいろと世話をしてくれた友人宅の近くだったので、仮住まいの場所としては悪くないな、と即決した。僕らは年も押し迫った12月21日にバタバタと八王子に引っ越したのである。体がだるくて寝てばかりいる僕を尻目に、引越しの荷造りなどは全部妻がやってくれた。

八王子に引っ越してからも、相変わらず体は動かなかった。当時、池袋で月に1度ウクレレのレッスンをしていたのだが、どうにも体が動かないのでいつも妻に運転してもらって車で出かけていた。住んでいたのは京王相模原線・京王堀之内駅徒歩2分のマンション。電車で行けばラッシュの時間でもないし、乗り換え1回で池袋までは楽に行けるのだが、どうしても電車に乗る気が起こらず、いつも車で行っていた。歩くのがかなり億劫になっていたのである。

池袋のレッスンでは、後日生徒さんに聞いたところ、僕の手が震えていたことがあったという。スローモーションを見ているような、不自然なまでにゆっくりした喋り方だったとも言われた。本来の僕は、結構早口である。この頃のレッスン動画はまだパソコンに残っているが、虚ろな目をしてろれつが回らず、精神薬を長年たっぷりと飲んでいるとこうなるという、見本のような映像である。

―夜明け前―

「夜明け前が一番暗い」という。この冬、僕はほとんど寝たきりに近い状態になっていた。パニック障害から始まった10年以上に渡る心療内科通いで、いつの間にか薬は山のように増え、薬を飲めば飲むほどに体はだるくなっていった。

昼間寝ているので、夜は当然眠れない。心療内科で「夜、眠れないんです」と眠剤を追加してもらうのだが、朝起きてからも眠剤が残っているので、いつも身体がだるく、ぼぉっとしている。そのまま夜になり、また眠剤を3種類……こんな状態で何ヶ月もぼぉっと魂の抜けたような状態が続くようになった。

仮住まいのつもりで借りたマンションは、陽当たりがよくなかった。北向きの寝室はまったく陽が当たらず、いつもひんやりしていた。朝目を覚ますと僕は、唯一、午前中だけ陽が入る和室に移動し横になった。少しでも日光を浴びようとしたのだ。

リビングで朝食を摂った後は、再び和室で横になる。もう1度音楽の世界で頑張ろうと東京に戻って来たのに、このありさまだ。僕はもう、本当に動けなくなってしまった。

この時点でも、

「俺は、深刻なうつ病なのだ」

と僕は信じていた。

しかし、妻は長年飲み続けている大量の精神薬のせいでおかしくなっているのだと見抜いていた。指が震え、よだれが垂れ、水道の蛇口も満足に締められないほど握力がなくなっている。これらはすべて、筋弛緩剤でもある精神安定剤の作用によるものであり、翌日に残った睡眠剤の作用で、体がいつもだるかったのだ。

12年も飲み続けている精神薬のせいで内臓はすっかり弱り、低体温になっている。薬を飲み続ければ腸内環境も悪化する。腸の状態は、精神状態に直結すると言われるが、落ち込むほどに薬を飲む悪循環はもはや限界に来ていた。この時期、仕事は少しのレッスンを除いて、ほとんどしていなかった。外に出るのは、外食でファミレスなどに行く時だけ。歩いて数分のところでさえ、車で出かける有様だった。

「もう、薬はやめたら？　薬をやめないと、死んじゃうよ」

そういう妻に僕は決まってこう答えた。

「もう薬しか、頼るものがないんだよ…」

　ある日、妻と些細なことで言い争いになり、ちょっとしたはずみで僕は妻にこんなことを言ってしまった。一日中陽の当たらないマンションで寝たきりの僕との暮らしが続き、すっかり笑顔が消えていた彼女に、

「君こそ鬱になってるんじゃないか？　……安定剤飲めば、楽になれるぜ」

と言ってしまったのだ。

後で聞いたが、そのセリフを聞いた妻は、

「やっぱり、この人はもう薬から抜け出せないかも知れない」

と思ったそうだ。そして、僕を捨てて実家に帰ることも考えたという。

妻は妻で人生をやり直すために、仕事をやめて1人も知り合いのいない神奈川に出て来たのに、岐阜、八王子と振り回された挙句、わずか3年後には旦那が寝たきりになっている。岐阜でも一度引っ越しているから、妻にとっては3年で実に4回の引越しだ。しかも、僕がほとんど動けないので、荷造りから何から、毎回ほとんど1人でやっている。このまま働けないこの人の面倒をこれからずっと見ていくのか。それとも家を出て行くか。僕には何も言わなかったが、この時、陽の当たらない八王子のマンションで、彼女は絶望しかかっていた。

もしこの時、彼女が僕を捨てて家を出て行ってしまっていたら、今こうして僕がこの本を書くことはなかっただろう。3度目の離婚で、人生に今度こそは本当に絶望し首をくくるか、再び酒を飲んでアル中になり、生活保護を受けながら、人生を呪うように生きていただろう。

―部屋にこもりっきりのハワイ―

2013年2月。「ウクレレピクニック・インハワイ」というイベントに僕は呼ばれた。2009年から始まったこのイベントに、僕は毎年呼ばれていたのである。ほとんど寝たきりだった僕にとって、ハワイへ行くのは大変だったが、暖かいハワイに行けば少しはよくなるかな…と思い、重い体を引きずって出かけた。しかし、現地に着いても体調は変わらなかった。体調の悪さから、イベント中、誰に会っても笑うこともなく、ずっとムスッと黙っていた。

ハワイでは、イベントのプロモーションのためにラジオやテレビにも出た。ハワイで現地のテレビに出るなんて夢のような話だ。しかもサザンの関口さんや、モンゴル800のキヨサク君といった大スター達と一緒だというのに、僕はスタジオでもずっと「早くホテルに帰って横になりたい」とだけ考えていた。滞在中ずっと調子が悪く、不機嫌な顔で過ごした僕は、その年を最後にそのイベントには呼ばれなくなった。

ハワイを楽しみにしていた妻には本当に申し訳なかったが、僕はただそこにいるだけで精一杯だったのだ。ハワイにはもう数え切れないくらい来ていたが、こんなことは初めてだった。冬の日本から暖かいハワイに来ても、結局動けない。僕は悲しくて情けなくて、涙が出た。

辛い思い出ばかりのハワイだが、妻が一度だけ目を輝かせて笑ったことがある。ある日、ベランダに出ていた妻が、大きな声で僕を呼んだ。

「ねぇ、見て見て！　虹が出てるよ」

彼女が指差す先には、大きな虹が出ていた。普段はあまり感情を出さないタイプの彼女だったが、彼女は虹が大好きで、虹を見るたびにいつも子供のようにはしゃぐのだった。僕は虹を見て喜ぶ彼女が大好きだった。

「………」

体調の悪かった僕は一緒に喜ぶ気にはなれず、ベッドの上からぼんやりと彼女が指差すハワイの虹を見ていた。毎日、虹が出てくれたらいいのに。そうしたら、毎日1回は、笑顔の妻に会える。毎日暗い顔でゴロゴロしている僕の重さが、彼女から笑顔を奪っていた。そしてその原因が、体に蓄積している薬のせいだとも、僕は気がつき始めていたのだ。

―遂に薬を減らす―

僕はハワイで「もう、薬をやめたい」と初めて真剣に思った。もう、来るところまで来た、という気がしていた。このままでは廃人になる。帰国後、当時処方されていた躁うつ病の薬「デパケンR」「リーマス」「リスパダール」をやめた。2013年2月半ばのことである。医者に行って、「最近は少し気分がいい」とか、「最近は落ち込みがちなんです」と訴える度に、いつしか僕には躁うつ病の薬が処方されるようになっていたのだ。誰だって日々アップダウンはあるだろう。「俺は躁うつ病なんかじゃない」とは思ったが、言われるままに飲み始めてもう数年経っていたのだ。薬はまだたっぷり残っていた。デパケンRもリーマスも、錠剤としてはかなり大きい。リスパダールは、ゼリー状のスポーツ飲料のようなものが、ひとくち分のパッケージになっている。これらをまとめた1ヶ月分は、かなりの量になったが、僕はこれらをビニール袋にまとめて入れて、きつく縛ってゴミ箱に捨てた。

これらの薬をやめてすぐに、妻の誕生日が来た。薬を減らしたものの、相変わらずほとんど寝たきりだった僕は、妻と一緒に近くの「友愛珈琲店」という喫茶店に行った。老夫婦が経営する、カフェというよりは「喫茶店」という言い方がぴったりの小さな店だ。チェーン店ばかりの新興住宅地には珍しい、古びた感じの雰囲気が気に入り、僕らはときどき行っていたのだ。僕らはコーヒーを飲み、妻にはチーズケーキを頼んだ。

「誕生日だっていうのに、こんなものでごめんね…」

たった350円のチーズケーキだけの誕生日。マンションから歩いて、100メートル足らずだったが、僕にとっては精一杯の距離だったのだ。

そして、精神安定剤はどうしても不安に負けそうになった時に限り「デパス1ミリグラムを1日1錠まで」、睡眠剤は「マイスリー」と頓服で「ベンザリン」が処方されていたが、作用が長いベンザリンはやめて、「マイスリーの1ミリグラムを1錠だけ」と決めた。精神薬を服用し始めて12年。薬を積極的に減らそうと自分で思ったのは初めてのことだった。

そもそも、躁うつ病の薬であるデパケンRとリーマスにはなんの効果も感じていなかったし、逆にリスパダールは、飲めばたちどころにヘロヘロになり、これはヤバイ!と最初から危機感を感じていたので、この3種類の薬をやめることに関してはあまり抵抗はなかった。実際にこれらをやめた日も、それから数日間も、何の変化もなかったのである。しかし、体は凄まじく反応した。2013年2月の末に薬を減らして、1ヶ月で体重がいきなり8キロも落ちたのである。70キロを切ったのは、実に7年ぶりのことだった。

これには驚いたが、「不調の原因は、やっぱり薬だったんだ」と確信した。食事も変えず、運動もしていないのに、これらの薬をやめただけで一気に8キロも減ったのである。薬がいかに内臓に負担をかけて代謝を悪くしていたかを実感した。あっと言う間に34インチのジーンズが緩くなり、LサイズのTシャツもブカブカになった。肥満に悩んでいた人間にとって、体重が目に見えて落ちていくのは、笑いがこみ上げてくるほどうれしいものだ。

妻に写真を撮ってもらうと、表情も生き生きしてきたのがわかった。何年も忘れていた、生きる歓び。薬をやめて、体が喜んでいるのがよくわかった。僕はこの時、何かを掴んだ。回復へ向けての、大事な何かを。妻にも少しずつ笑顔が戻って来た。

希望。人間が生きる上で最も大切な、明日を楽しみに待つ気持ち。僕は何年かぶりにそれを感じていた。そして4月に、劇的なことが起こる。

―遂に断薬へ―

精神薬をやめたとは言っても、やめたのは自分では効果をまったく感じていなかった躁うつの薬・デパケンRとリーマス、それに頓服の安定剤であるリスパダールだけで、完全に依存していた精神安定剤デパスと、睡眠剤のマイスリーはまだ飲んでいた。何しろ、10年以上毎日飲んでいるのだ。薬をやめる、と思うだけで心臓がドキドキして脂汗が出てくるような状態である。この時点では、まだ完全に薬をやめる自信はなかった。

4月に入ったある日、「笹塚の自然食レストランで、ランチをしながらの自然食の勉強会があるんだけれど、一緒に行ってくれないかしら?」と、妻が提案してきた。あいかわらず動くのは億劫だったが、笹塚であれば同じ沿線なので電車一本で行ける。そして運命の日は2013年4月14日。僕たちは新宿にほど近い、笹塚の自然食レストランに出かけた。

着いてからわかったのだが、その日は精神医療の問題点を訴えている医師・内海聡氏の講演会だった。そういう講演会に行こう、と僕に言っても断られると思い、妻は僕には自然食の食事会があるよ、とだけ言って誘ったのだった。

講演の内容は衝撃的だった。なかなか表には出てこない精神医療の実態、全国の精神病院で精神薬の副作用で多数の死者が出ているという現実、そしてなんといっても、パキシルを始めとするSSRIの服用によって起こされたと思われる犯罪等は僕も多少知っていたことなので、やっぱりそうか、と思った。

話を聞いている間、僕は衝撃と怒りと恐ろしさで体が震えていた。なんとかアルコールをやめることはできたが、このまま精神薬を飲み続けていれば、僕は間違いなく廃人になってしまう。その夜、家に帰った僕は、まだ飲んでいた精神安定剤と睡眠剤を全部ゴミ箱に捨てた。勢い。それが何よりも大事な時がある。今だ、と思ったのだ。もう何年もダラダラと流されて生きてきた僕は、久しぶりに自分の意思で物事を決めようとしていた。もう、医者の言うことは聞かない。医者の言うことを守っても、ちっともよくならないじゃないか。これは、自分が生きるか死ぬかの問題だ。自分で決める。薬をやめるのは怖かったが、このままずっと薬を飲み続けることを考えるともっと怖かった。僕は、この日すべての薬をやめる決心をした。

精神薬をやめるには細心の注意が必要だという。禁断症状が出て、錯乱したり、危険な状態になることもあるので、通常は慎重に少しずつ減薬していく。ピルカッターなどを使って錠剤を半分にするとか、場合によっては少しずつ削るようにして減らしたりということが行われる。いきなり断薬するのは危険だとされているのだが、僕は極端な性格で、「やるか、やらないか」というところがある。薬を全部いっぺんにやめてしまったのだ。

その時もう1つ思ったのは、「覚せい剤で逮捕された人間が少しずつ覚せい剤をやめるだろうか？」ということだ。逮捕されてしまえばいきなりやめることになる。しかし、それで死んだという話は聞いたことがない。だったら、精神薬だっていきなりやめても死ぬことはないだろう。ある程度の禁断症状は覚悟の上で、遂に僕はその日、12年に渡って飲み続けた精神薬をきっぱりとやめたのだった。そしてしばらくして、壮絶な禁断症状に僕は襲われることになる。

―禁断症状～アカシジアの恐怖―

精神薬による様々な副作用は、総合的に「アカシジア」と呼ばれる。これは、精神薬を服用中だけでなく、急にやめた場合は「離脱症状」として現れることがある。僕はこれをたっぷりと味わった。いろいろと調べてアカシジアに関する知識はあったが、実際に経験するそれは凄まじいものだった。何しろ、12年も飲み続けた精神薬を一気にやめてしまったのだ。1週間ほどすると、禁断症状が訪れた。

アカシジアは、神経伝達物質のノルアドレナリンの濃度増加によって起こると言われている。主な症状は、

「心拍数の増加、息切れ、不安、イライラ感、不眠」などである。放置しておくと、強い不安から自傷行為や自殺に繋がることもあるという。

僕の場合はこんな具合だった。

なにしろ12年も睡眠剤なしで寝たことがないのだから、まったく眠れない。昼もほとんど横になっていて、昼寝もしているから、夜眠れるわけがないのだが。夜中、不安に駆られて気が狂いそうになる。何に対する不安か、という具体性はなく、とにかく不安感その

ものが攻めてくる、という感じだ。うとうとすると悪夢にうなされてびっしょりと脂汗をかく。頭がどうにかなりそうで、黙っていられないので、「あー」とか「うー」とかの呻き声を出し続ける。

インベーダーゲームのように、空から次々と不安のかたまりが落ちてくる。僕はそれを実際によけるように、大声を出し、手で振り払った。アカシジアの症状には、実際に足踏みや姿勢の頻繁な変更など、不安を振り払うような行動があるという。

僕は夜中に錯乱し、ベッドのマットを拳で殴ったり、布団を被って大声をあげた。普段は溺愛している愛猫クロスケを蹴飛ばしたことさえあった。体が疲れて眠るまで、僕は一晩中大声をあげてベッドの上をのたうち回った。

アルコール依存症の禁断症状として定番の、「骨の中を虫が這い回るような、気持ち悪い感じ」も体験した。僕の場合は脚に出た。断薬して最初の1ヶ月くらいだけだったが、太ももから足の先に向かって、骨と肉の間をミミズのようなものが這って移動していくような感覚にはゾッとしたものだ。経験はないが、覚せい剤の禁断症状も同じような感じなのだろう。ちなみに、僕が経験したアルコール依存症における禁断症状も、断薬後のそれに極めてよく似ている。逆に言えば、脳に直接作用する薬物というのは、合法・違法を問わず、物質としての構造は極めてよく似ているのだということだろう。

実は当時妻がつけていた日記がある。第三者から見たリアルな断薬直後の経過をご紹介したい。

4月14日（日）
内海聡氏の講演に行く。
帰宅後、薬をすべて捨てている。
「睡眠剤無しで眠れるか不安」と言いながらも短時間ずつ眠っている。

4月15日（月）
朝─ショウガ湯、昼─魚菜亭ランチ、夜─庄屋居酒屋
妻が池袋へ外出のため、不安な時間を過ごす。JやGさん、Hさんに電話をして紛らす。

夜9時頃Gさんが遊びにきてくれる。
2〜3時間ごとトイレに起きる。口の渇きもあり、白湯を飲んでいる。
夜間の覚醒時は、将来への不安が強くなる様子あり。

4月16日（火）
朝─ショウガ湯　昼─煮麺、おやつ─パン、夜─さといものポタージュ
昼近くまで居間のソファーで臥床して過ごす。
午後から散歩を兼ねて買い物に行くが、「脂汗が出てくる」と言い、疲労感を訴える。
レコーディングのトラックを作りかけるが、PCトラブル？で途中までで終了。
トイレが近いこと、残尿感があることを気にしている。紙コップで尿を確認するが濁り等見られず、神経性の頻尿と思われた。
ココナッツカッププスのCDをFBにアップしたらピアニストのTちゃんからコメントをもらったと嬉しそう。また彼のFBページを覗いたらDDC（Tokyo DD Clinic）のことが載っていたからと電話をしている。彼の知人に薬物依存の方がいてDDC等情報の共有をしている。

睡眠剤を飲まないで眠れるか不安と言いながら2～3時間毎にトイレに行きつつ、寝ている。夜間の発汗多い。

4月17日（水）

一日中自宅で過ごす。居間のソファーで過ごしている。

朝―ショウガ湯、昼―サトイモのカレー、野菜サラダ、夜―野菜春巻き2本ニラ玉雑炊1／2
食欲がないと言い、1／2量程度しか食べなかった。

昼頃、Kに電話。経過を話している。

夕食後から頻尿の様子有り。膀胱にしっかり尿を溜めて行くよう話すと1時間毎に行っている。

午後～夕食過ぎまでは、レコーディングをして過ごす。

終の住処の話を時にしている。

22時ごろ就寝するが、将来への不安を口にして24時近くに入眠す。

4月18日（木）60・8kg
朝—ショウガ湯、昼—玄米塩結び1個、お漬け物、豆腐サラダ、お味噌汁
夜—玄米塩結び1個、お浸し1箸、大根葉のお吸い物、けんちん煮
明け方、寝汗を気にして着替えている。夜間の頻尿あり。
ここ数日に比べ、将来への不安が強く、また禁断症状（と表現している）が強く落ち着かないし、怠いと言う。何度もしがみついてくる。
午前9時ごろ居間に行き、メールチェックをしたり、レコーディングの仕上げをして過ごす。
午後1時過ぎにデパス（1mg）を内服する。安心したのか、薬効なのかソファーで入眠すること3時間。3時頃散歩に行く予定であったが起きられず。
19時過ぎにKより電話があり、デパスを内服したこと、心境を聞いてもらっている。「立ち直りかけると運気が上がってくると言われた。嬉しかった」と。
内海氏の著書3冊を読み終える。また、日記を書いて経過をまとめている。

4月19日（金）

昨夜は1時頃就寝し、一度も覚醒することなく6時頃気分良く起きる。「すっきり目覚められた」と喜んでいる。9時から居間にて過ごす。ややいつもの不安が出ていると言う。

個人レッスン（13時～14時）。

生徒さん相手の世間話が出来なかったこと、また、サムズの予約が26名との報告にも落ち込む。デパス0・5錠を希望し、内服「するが効いた感じがしなかった」

Kに電話相談している（Kから毎日の状態を報告するよう言われている）。15時30分にファンモンの楽曲で再録を求められ、動揺している。が、ベース音等変更して創っているが、集中力の欠如にて続かず、焦っている。

夕方は気分転換に外食をするが、帰宅後も落ち込みは酷く、何度も休みながらレコーディングのエデッィト作業をしている。

23時頃就寝するが、「眠れるか不安」と。

朝―ショウガ湯、10時―おやつ（パン）、昼―温野菜サラダ、14時―おやつ（トーフデザート）、夜―八剣伝（焼き鳥、野菜）

4月20日（土）

2時頃起きてブログを15分ほど居間で書き始めるが「ボツ」にしたとベッドへ潜るも禁断症状が続き、悶絶している。

5時30分頃、ショウガ湯を飲み、妻によるマッサージを受け、2時間ほど入眠する。覚醒後、禁断症状で不安定となるが、背部マッサージでやや落ち着く。10時起床し、居間にて朝食。

AA等に参加したい思いもあり、ネットで場所と時間を確認している。

Uさんと薬害について電話している。

4月21日（日）

朝―ショウガ湯、昼―玄米結び　みそ汁　夜―やよい鮨

4月22日（月）

中々、起きられず、ベッドで過ごす。10時半～税理士のKさんと面談。税理士より変化を

指摘され、自らカミングアウトして現況を話す。14時ごろ阿佐ヶ谷のAさん宅へウクレレを取りに行く。15時過ぎにジャケット写真の撮影のため、新宿へ向かう。終了後、再度A氏にウクレレを預けに行く。車中ではウクレレを弾いて楽しんでいる。「指の動きが早くなった。指が吸い付くように動いてくれる。」帰宅後もウクレレを弾いている。

撮影で使用した写真も含め、過去の写真等をFBにアップして変化を確認している。

朝―ショウガ湯、昼―魚菜亭ランチ、夜―ココス（シーザーサラダ、ケサディーヤ）

4月23日（火）
覚醒時から怠さはあるものの不安の訴えなく過ごす。しかし、昼頃より不安症状訴え、臥床している。14時～レッスン1コマ。駅にS君を迎えに行き、マックで珈琲を飲んでから自宅で共に過ごす。昔話などを臥床して聴いている。途中、ウクレレマガジンより、爪のみの写真を撮りたいとの依頼あり。見送り後、Kより電話が入り、近況を話している。入浴後、比較的すぐに入眠している。
終日、頻尿を気にしている。泌尿器科へ行く方向で検討中。
朝―ショウガ湯、昼―野菜餃子、夜―サトイモのクリームパスタとサラダ

4月24日（水）

3時40分頃トイレに行くが、すぐ入眠。5時50分覚醒。不安症状あり。8時頃ショウガ湯を飲み、再度就床。不安症状持続している。9時半ごろ起床、居間にて珈琲を飲む。整髪整容。10時30分〜レッスン1コマ。終了後も怠さ、不安を口にしている。午後のレッスン1コマを何とかこなしている。電車移動で泌尿器科へ受診。前立腺炎の診断。尿検査は、異常なしだったが、抗生剤と前立腺の内服薬を処方され、夕食後内服する。帰宅後、居間でパソコンを触っているが、21時頃就寝。寝付けずに再度居間にてウクレレ演奏して過ごす。23時就寝。入眠。尿意はまだ強い様子。

朝―ショウガ湯、昼―サトイモのカレーパスタ、夜―ラーメン、餃子

4月25日（木）

4時半頃トイレに行き、朝分の薬を内服。再度就寝。6時半頃覚醒、不安感あり。9時半頃起床し、居間にて10時〜30分間音楽雑誌のインタビュー。後、編集長と自分との現状の比較をして落ち込み、ベッドで過ごす。楽器ケースとＤＶＤの受け取りをしてベッドへ。

12時頃～居間にてPCを触って過ごす。
朝―ショウガ湯、

4月26日（金）
DDC受診。「なんで来たの？」「ばか」など気付きのきっかけを受ける。返答、反論できなかった怒りがある様子。O氏や同級生に電話。話しながら考えを整理している感じ。

4月27日（土）
時々付随運動あり、手足。食欲有り。O氏のサポートを受ける。「他者を助ける側に回ることが依存から抜けることにつながる」に影響を受けている。

4月28日（日）
近くの川縁の公園へ。途中Gさんと合流。外食。穏やかな表情で過ごしている。

以上が妻の記録だ。あちこちに電話し、妻に弱音を吐き、情けなくもがいている僕がいた。

毎晩、夜が来るのが怖かった。薬を飲まないで過ごす夜は長い。何もしないでいると頭がおかしくなりそうになるが、かといって何かをする気力もない。僕は毎晩、果てしなく長い夜の中で、何度も薬を飲んでしまおうと思った。数錠残っていたデパスがなくなると、僕はヤクの切れたシャブ中のように、家中の引き出しを開け、カバンや上着のポケットを探した。しかし、もう薬はどこにも残っていなかった。コンビニで精神薬を売ってなくてよかった、と心底思う。ひとしきり薬を探した後は、髪をかきむしり、妻に当り散らし、神を呪い、枕に口を押しつけて叫び、水をガブ飲みし、耐えたことだけを覚えている。ひたすら耐えて、朝を待ったのだ。音楽を聴くことは、まったくなかった。「ありがとう」と千回唱えるといいことが起こる、という本を読んだことがあったので、眠くなるまでひたすら「ありがとう」と言ってみたり、ハワイに伝わる、自分の意識をクリーニングするという、「ホ・オポノポノ」というのを妻が調べてきて、「ごめんなさい」「許してください」「ありがとう」「愛しています」という言葉を、妻の手を握りながらひたすら唱えてみたりもした。

本当は「ありがとう」でも「バカヤロウ」でも僕にとってはなんでもよかった。とにかく何か喋り続けていないと、気が狂いそうになるのだ。

余談だが、3月の末に、東京にある「エッグマン・トーキョーイースト」というライブハウスに声をかけてもらって久しぶりのライブをやった。しかしお客さんはたった5人ほどだった。20年前には、渋谷公会堂に1000人を集めた僕が、たった5人である。現役のまま、こんな落ちぶれ方をしたアーティストが他にいただろうか？

そんな僕でも、お金を払って見に来てくれたファンのために、必死で演奏した。下を向いたとき、何度かよだれが垂れたのを覚えている。

精神薬の影響でロレツが回らず、よだれが垂れ、指が震える。駅まで、たった3分なのに歩くことができない。よっぽどのことがなければ起き上がることさえできずに、一日中天井板の木目を数えている。天井中の節穴の位置まで完璧に覚えてしまった。

妻の笑顔を見ることもなくなった。ミュージシャンを続けられる自信もない。もう、終わりだ。今度こそ、本当に終わりだ。

禁断症状に苦しむある日のこと、

「もう、死んでしまおう」

と思った。発作的に、突然に、である。酒も薬も飲んでいない。僕は冷静だった。今思えばこれこそが、精神薬の断薬後に起こる「自殺企図」というやつだったのだろう。

あるロックバンドのギタリストが以前、ドアノブで首を吊って自殺したことを思い出し、ギターのケーブルをドアノブに巻きつけて首を引っ掛けてみた。僕は体を沈め、しばらく首をぶら下げていた。5分ほどたっただろうか？

「こんなので死ねるわけねぇじゃねぇか…」

と笑いが込み上げてきた。しかし、本当は笑える状況ではなかった。精神薬を急にやめて、禁断症状でテンションが上がり、発作的に飛び降り自殺してしまう例も少なからず報告されているのだ。
この時の部屋は1階だったからよかったが、僕は7階から飛び降りかけた前科がある。僕はまたしても命拾いしたのだった。

僕は初めて体験する強烈な「アカシジア」を味わいながら、ここを乗り切らなければ先はない、と必死で耐えた。この嵐を乗り切れば、見たことのない景色に会えるはずだ。いや、それは精神薬の世界を知る前にはいつも見ていたあたりまえの景色だ。僕はその景色を、忘れかけていた色彩を取り戻そうと必死だった。もう一度、虹を見たい。2月に、ハワイで見たような、鮮やかな虹を…。
いつの間にか、僕と妻の間にかかる虹は、モノクロになってしまっていた。僕はもう一度、妻との間に7色のカラフルな虹をかけたい、と願った。それがこの時、僕にとってただ1つの願いだった。

断薬からしばらくして、今度は激しい頻尿に悩むようになった。

夜中じゅう、何度も尿意を催して、トイレに行く。日中も、30分に1回はトイレに行かなければならない状態だ。僕は膀胱炎か何かになっているのでは?と思い、近くの泌尿器科へ行った。尿検査の結果、特に問題はなかったのだが、

「前立腺炎の疑いがある」

と言われ、

「念のため」

と抗生物質が出された。看護師である妻は、

「念のために抗生物質っていうのは、違うと思うんだけど…」

と首を捻っていたが、僕は医者に診てもらって、薬を出してもらったということに安心して、1週間ほど抗生物質を服用した。今思えばこれも離脱症状の一種で、緊張してトイレに行きたくなるのと同じだったと思うのだが、僕はこの時点ではまだ、

「何かあったら医者に診てもらって、診断名をつけてもらって安心する」

という精神構造から抜けきっていなかったのだ。しばらくすると、この頻尿は治った。薬が効いたのかどうかはわからないが、多分に精神的なものだったのだろう。

断薬は、最初の半年が勝負だ。ここを乗り切るには強い意志と、「生への強い渇望」が必要だ。とにかく生きるのだ、という強い意志。それには「希望」が必要だ。自分が生きる理由。僕にとってそれは、音楽を続けることでもあったが、何よりも40代半ばですべてを捨てて僕のもとにやって来てくれた妻に、僕本来の、元気な姿を見せること、少しでも長く彼女と残りの人生を過ごすことだった。

このまま終わってたまるか。

そして、岐阜にいる時にもらってきた黒猫のクロスケ。僕らがいなかったら、この子は生きていけない。僕を置いて家を出ようと思った妻が、「この子を置いて出ていくわけにはいかない」と思い踏みとどまった、クロスケである。僕の命の恩人だ。

僕にとってはこの時期、このような禁断症状と闘うことこそが、「生きる」ことだった。そこに妻が寄り添っていてくれたことが、断薬できた最大の理由だ。1人だったら、僕は薬から抜け出すことはできなかった。

強烈な禁断症状は2ヶ月ほど毎日続いた。その後は徐々に穏やかになったが、トータルで1年以上は続いたのではないか、と思う。

断薬のポイントは、「誰と出会うか」に尽きる。僕にとってはそれが妻であり、この後に登場する内海聡医師だった。

第5章

依存心との闘い

―内海聡医師との出会い―

講演を聞いて間もなく、僕は内海聡医師の「Tokyo DD Clinic」に予約を入れた。日本でただ1つの、「精神薬をやめるため」のクリニックである。

ここを受診するためには条件があって、まず内海先生の著書を3冊読み、指定されたユーチューブの動画を10本以上見なければならない。その3冊とは、

「精神科は今日も、やりたい放題」三五館
「大笑い！　精神医学」三五館
「心の病に薬はいらない！」かんき出版

である。

動画は主にアメリカのもので、1本1時間以上あるものを10本である。僕は貪るようにそれらの動画を見た。そして、本もすぐに取り寄せて読んだ。このような情報が、その気

になれば瞬時に手に入る時代に感謝した。逆に言えば「その気にならなければ、永遠に知ることもなかった」という事だ。

動画の内容は、ドキュメンタリーで、一言で言えば、急激に消費量を伸ばしている精神薬と、それを取り巻く製薬会社や精神医学業界のカラクリを暴いたものだった。

考えてみれば僕も、心療内科で「うつ病、パニック障害」との診断を受けたが、脳のレントゲンを撮ったわけでもなく、医者が僕の話を聞いただけで診断したことである。体が弱っていただけかもしれないし、そもそも人間なんだから誰だって気分のアップダウンはある。それに対して、10年以上も薬を飲み続けるのは、どう考えてもおかしい。

僕は動画を見る中で、自分は「精神医療業界」のいいお客さんになっていただけなのではないか？と思うようになった。薬を飲んでも全然よくならず、もはや寝たきりになりかけているのだから。

通常何ヶ月も先まで予約でいっぱいの内海医師の診察だが、急なキャンセルがあったのだろう。僕はすぐに予約を取ることができた。これも運がよかった。

診察の日。かなり緊張して待合室に入ると、すでに数人の患者が待っていた。断薬の指導を専門にしているクリニックなど他にないので、ここには全国から患者が集まってくる。待合室の壁に目をやると、何やら手書きのカードがたくさん貼ってあった。ここで断薬に成功した患者が書いたものだ。僕は立ち上がって、それらを1枚ずつ丹念に読んだ。断薬できた、という生の声は何より励みになった。

名前を呼ばれていよいよ診察の時が来た。内海医師は、ニコリともせずに僕を迎えた。診察ではこれまでの経緯を話し、

「先生の講演を聞いて、その日のうちに薬を全部やめました」

と言うと、内海医師は、

「時々そういう人がいるんだけど、それは危険だからやめなさいって、講演の中でも私は

言ったでしょう」

とニコリともせず言った。

勢いでやめないと、やめられないと思ったんで……と僕は言い訳したが、内海医師は無言のままだった。初診に際して書かされた問診票を見ながら、診察というか、問答は始まった。

問診票には、「このクリニックに求めるものは何ですか?」という項目があり、もうすでに自分で薬をやめてしまった僕は何となく、

「断薬を続けるためのアドバイスをもらいたい」

と書いたが、会話はこんな風に始まった。

「あなたはもう自分で薬やめたんでしょ? じゃ、なんでここにきたわけ?」

確かに、言われてみればその通りである。さらに内海医師は、僕につっかかるように続けた。

「そもそもさ、なんであなたは睡眠剤を飲んだの？」

いや、なかなか眠れなかったので……と、とっさに答えたが、思い起こせば12年前、最初に心療内科を受診した時に「眠れません」と訴えた覚えはまったくない。医者の方から、

「しっかり眠ったほうがいいから、睡眠剤を出しておきますからね」

と言われて飲み始めて、そのうちに睡眠剤なしでは不安で床につけなくなったのだ。そのことを話すと、内海医師はこう答えた。

「眠れなかったら、起きてればいいじゃない。3日も起きてりゃ、4日目には泥のように眠れる」

は？　何を言ってるんだ、この医者は。

　内海医師はさらに続けた。

「だいたいさ、私の講演を聞いて薬をやめたっていうのがダメなんだよ。もう、全然ダメ。どういうことかわかる？」

　僕は面食らった。何を言われているのか、まったくわからなかった。

「あんたは精神薬の害を訴え、薬をやめさせるためにこのクリニックを運営し、本を出し、講演をしているのではないか。俺はあんたの講演を聞いて薬をやめて、断薬を続けるために遠くからここに来たんだ。褒めてもらいたいくらいだ。それをなんだ、いきなりバカ呼ばわりするのか？」

そう言いたかったが、僕はぐっと拳を握りしめて黙って下を向いていた。

「別にさ、薬を飲んだっていいいんだよ。あなたが薬を飲むのを、私がどうこう言う筋合いはない」

患者にケンカを売ってるのか？　僕はだんだん腹が立ってきた。

「今は、どんな情報でも調べようと思えば手に入る。自分でいろんな情報を集め、勉強して、その結果自分は薬をやめるべきだと判断してやめるならいい。でもあなたは、私の講演を聞いて、それだけで薬をいきなりやめた。自分でなんにも考えてないじゃない。それじゃダメなんだよ。全然、ダメ！」

バカにされている。僕は怒りに震えてきた。

最後に、問診票に書かれた僕の「早稲田大学中退」の学歴を見て、内海医師はさらにバカにするように、

「大学なんか行ってなくても、賢者はたくさんいますよ。自分の頭で考える人は」

と言った。

わけがわからない。こんなことを言われるために、予約を取って遠くから来たわけじゃない。それからいろいろと話はされたが、僕は呆然として、右から左に聞き流していただけだった。一通り話が終わると、内海医師はそそくさと書類を片付けながら、

「じゃ、今日はおしまい」

と言って、立ち上がった。心底頭に来た。精神的ショック療法だ。おそらく、ここに来た患者の半数以上は初診でめげて2度と来ないのではないか、と思う。しかし、内海医師としても、断薬するためのクリニックに、

「もう薬をやめました」

といきなり来られても、返す言葉がないだろう。

僕は実際に内海聡という人に会って話をしてみたい、ここで実施している高度な血液検査を受けて、体の状態を詳しく調べてみてもらいたいという、目的があるにはあったのだが、実際にその時が来てみると、

「俺はどうしてここに来たのかな？」

という感じでもあった。まだ禁断症状は続いていたので、それに対する対処法や、どのような経過を経てそれが収まって（治って？）行くのか、長年精神薬を飲んだ影響が、今後どのような形で出てくる可能性があるのか…つまり、後遺症は残るのか？など、具体的に聞きたいことはたくさんあったのだが、初診では何も聞くことができずに終わってしまった。

その後、別室に移動して採血。ここでの血液検査は、通常の血液検査とは違い、体内の栄養状態なども細かく調べるために、たっぷりと血を抜かれて専門の検査機関へと送られる。

「ビックリしたでしょ?」

看護師さんが優しく話しかけてくれたが、僕はすぐには答えず、自分の血で満たされていく注射器を、他人事のように見ていた。診察で受けたショックで茫然としたままだったのだ。

「…はい、なんだか凄かったです。まさか、あんな風に怒られるとは」

と、僕は叱られた後の小学生のように答えた。

「いろんな患者さんがいらっしゃるから……。暴れ出す方とかもいるんです。いろんなことがあって、あれが辿り着いた先生のやり方なんだと思います。本当は優しい方なんですよ（笑）。気になさらないでくださいね」

……でも、これが結果的に僕には効いた。バカにされて頭にきたが、帰りの電車で冷静になるにつれて、自分のバカさ加減をだんだんと客観的に認識しだした。

内海医師の講演を聞いていきなり薬をやめた、ということは、他の権威ある医師が講演で「薬を飲みなさい」と言うのを聞いたら薬を飲む、ということにもなる。「この薬を飲め」と言われて、それがどんな薬なのかも調べず、「医者が出すのだから」と権威を鵜呑みにして大切な自分の体に異物を入れてきた愚かさを、この時初めて僕は認識した。

そう、内海医師が言うように、僕はバカだったのだ。体のことを何も考えずに、ただ「脳」に作用する薬だけを12年も飲み続けた。バカに「お前はバカだ」と言うとたいていは怒り出すが、たまには「俺はバカかも…」と冷静に自分のバカさ加減を考えて、バカを卒業しようとする者もいるということだろう。

内海医師の診察は「バカにバカと言う」ことから始まるのだ。これはかなり危険な賭けだ。医師としては、かなりのリスクを背負うことである。患者をつなぎ止めるのが一般の病院経営なら、ここは真逆だ。今やすっかり医療もサービス業になり、顧客を奪い合うように患者を「お客様」として扱ってくれるようになっていると思うが、ここには対極の世界があった。

内海医師の手法は、いわば「究極の逆療法」であり、患者の甘えを許さず、とことん叩きのめすところから始める。安易に医者にかかるような奴はバカなのだ、というスタンスだ。それを、自分を頼ってやって来た患者に言うのだから、患者としてはたまらない。

しかし、そこから始めないと依存の問題は解決しないという、徹底した姿勢がそこにある。これは真剣勝負であり、ものすごく高度なセッションであった。その勝負の意味を真に理解し、自分の中でそのロジックを再構築できるものは、患者のうちいったいどれくらいいるのだろうか。

診察で内海医師に好き放題言われて悔しかった僕は、そのあと内海医師の他の著書を読んだり、インターネットで精神薬への依存から脱却した人のブログを読んだりして、精神薬の害や精神薬依存への知識を深めていった。そして日に日に精神薬への依存から、心身共に自由になっていくのを感じていた。そしてそれは、想像以上の速さで進んでいったのである。

診察を受けたあとも、夜が来れば不安に襲われてはいたが、夜中にベッドでのたうち回るようなことは少なくなっていた。内海医師のクリニックでは、脂肪に蓄積された精神薬の毒を出すために、水分をたっぷり摂ってサウナで汗を出すという療法も行われる。僕は受けなかったが、普段から水をたくさん飲み、体内の浄化に努めるようにした。

薬をやめて、頭がスッキリして冷静に思考できるようになってくると、1日分が片手の手のひらからこぼれそうなほどの精神薬を、10年以上も飲み続けたことがどれほど恐ろしいことか、だんだんとわかってきた。

よく、生きていられたな。僕は自分が歩いてきたあまりにも危険で愚かな道を振り返っては、身震いしたのだった。しかし、希望もある。個人差はあるだろうが、精神薬依存で弱った体の回復は、想像以上に速い。そしてそれを日々実感することは、とても楽しい。

このことを大きな希望として、これから断薬しようとしている人たちに僕は伝えたい。

―精神薬依存から抜け出すロジックとは？―

精神薬に依存する者は、当然ながら心があまり強くない。繊細で、物事を複雑に考えるタイプが多いと言えるだろう。「そんなこともあるだろう、ガハハ！」と笑い飛ばしてしまえるタイプはうつ病にはなりにくい。いろいろなことに対して、深く考えてしまう人がうつになるのだ。うつ病にはインテリが多い、と言われるゆえんである。

我々が生きているのは、あらゆる矛盾や争い、不平等に満ちている世界であり、それらにいちいち真剣に向かっていては身が持たないので、みんな適当なところで折り合いをつけて生きているのだが、うつ病やパニック障害になる人の多くは、それらをうまく流すことができずに、ストレスとして抱え込んでしまうタイプの人が多い。

うつ病やパニック障害と診断された繊細で傷つきやすい僕らは、受け入れがたい世の中の矛盾や、自分が受ける納得いかない扱いの救いを、精神医療に求めるようになる。僕の経験上、心療内科にかかるような症状の多くは、加工食品などの摂り過ぎや、酒の飲み過ぎ、働き過ぎ、考え過ぎのストレスで、腸や肝臓が弱っているだけだと思うのだが、そこに多量の精神薬を飲み続ければ、ますます腸内環境が悪化して、うつ状態になる。本当の精神病などはごくごく一部であって、ほとんどは過大なストレスにより心身に負荷をかけられて、弱っているだけなのであろうと思う。

いくら「脳内のセロトニンが、ドーパミンが」と言ったところで、それはレントゲンに写るわけではなく、数値化されるわけでもない。ほとんどの場合は、医師の問診によってそれは決定され、そこには何のエビデンスもない。近代医学は科学であるが、心療内科の領域は甚だ科学的ではないのだ。白衣を着た科学者が、人相見をしているだけなのだ、と。

しかし、僕も含めた患者たちは、「あなたはうつ病です」という診断をいとも簡単に受け入れる。病名がハッキリし、飲むべき薬が決定されることにホッとするのだ。この矛盾だらけで複雑怪奇な世界で傷つき続けてきた患者たちは、この診断にホッとする。

自分が何者かわからなくなり、この世界に居場所を失っていた自分に、「精神疾患患者」という肩書きがつけられ、「心療内科」という、安心して所属できる場所を与えられたのだ。

そして、自分が精神疾患を患っているのだということが、いつしか自分のアイデンティティとなってしまう。しかも、精神疾患の場合は、軽いうつ症状でも医療費が減額される「自立支援医療」という制度が簡単に受けられるので、ますます「私は国が認めた精神疾患患者なのだ」との自己イメージができあがってしまうのだ。

1度「自分はれっきとしたうつ病患者なのだ」というパラダイム（ものの見方・考え方を支配する認識の枠組み）の中に入ってしまうと、

「うつ病なんか、毎朝走ればそのうち治るさ！」

などと能天気なことを他人に言われると、ものすごく頭に来るようになる。僕もそうだった。「無学なお前に何がわかる」とばかりに、脳内のセロトニンがどうとかいう説明をこれ見よがしに始めたものだ。精神疾患の患者は実に勉強熱心で、よく調べている者が多いのである。

しかし、うつ病の説明として定番である「脳内のセロトニンが不足してうつになる」というのも、内海医師によれば誰も見たものはおらず、なんの根拠もない机上の空論である、ということなのだが。精神科医は、こちらがどんなに酷いものを食べ、私生活や仕事の面でどんなストレスを抱えていようが、それには一切触れず、薬を出すだけなのである。

極端な例えだが、

「先生、僕は毎日お昼は油ギトギトのラーメンを食べて、スープも全部飲み干して、大量の塩分と大量の化学調味料、質の低い油を体に入れて胃腸と内臓に負担をかけています。食後には決まってスイーツを食べて、急激に血糖値を上げて体に負担をかけています。そして夜は、毎晩安い缶チューハイや安いワインを大量に飲み、糖分とアルコールで肝臓を痛めつけています。そしてさらに1日に合計10錠もの精神薬で肝臓を痛めつけていて調子悪いんですが、なんとかしてください」

と訴えれば、

「わかりました。それではテンションを上げる薬を追加しましょう」

となるのである。

めちゃくちゃな話であるが、今までに通院した9軒の精神科・心療内科すべてがこんな感じであり、食事指導や、生活習慣の改善のような話になったことは1度もない。元気が出ない、と訴えれば、肝臓その他に多大な負担をかける抗うつ剤を出されるだけだ。まさに「木を見て森を見ず」である。「体」が弱っていても、彼らは「脳」しか見ようとしないのだ。

うつ病患者の多くは、うつ病と診断され通院を続けるうちに、人生におけるあらゆる問題に対して、「自分はうつ病だから仕方がないのだ……」と、消極的に対処するようになってしまう傾向がある。僕もそうだった。「うつ病であること」を、精神的シェルターにしてしまうのだ。何かストレスを受けると、まずはそのシェルターに逃げ込む。それは時に、自分にとって都合の悪いことの正当化だったりもする。

それはヤドカリがかぶっている貝殻のようなもので、「精神疾患患者」という貝殻を外すことが怖くなり、ずっとその殻をかぶっていたくなってしまう。薬を飲み続けることにているうつ病患者もいる、というのはこういうことである。

いう貝殻を脱ぎ捨てることができなくなってしまっているのだ。「治りたくない」と思っ

疑問を感じ、僕のように数々の障害が出始めても、1度身にまとった「精神疾患患者」と

ている

それも無理はない。競争社会が過度に進み、人間性を否定されるような場面に満ち溢れた現代社会。僕らが心を病んでしまった場所は、他でもない、この狂気に満ちた現代社会というゲームの中でだ。しかし、精神医療やアルコール依存から回復するということは、ある意味ではまたこのゲームに戻らなければならない、ということである。

誰だって、自分がダメージを受けた過酷なゲームには戻りたくはないだろう。精神疾患ということで、何らかの補助などを受けていて、精神疾患の患者であることが「メシの種」となってしまっているケースもある。この場合は、抜け出すのはさらに難しくなる。

では、「精神薬依存からの脱却のための重要ポイント」を僕の経験からまとめてみたい。

1、うつ病というのは「脳の病気」と考える前に、「体が弱っているからではないか?」と考え、薬に頼る前に、食事や生活習慣を見直して、まずは「身体の立て直し」をし

てみよう。

2、精神薬はあくまで対症療法であり、病気を治す薬ではない。そしてそれは、腸内環境を悪くし、肝臓に負担をかけ、体温を下げる「毒物」であることを認識しよう。

3、精神医学そのものが「見えない脳の中を都合よく解釈し、精神薬を売るために作り上げられたトリックである」との説を唱える数々の書物に対し、頭から否定せずに、「そんな見方もあるのか」と、まずはフラットな気持ちで読んでみよう。

僕は現代の精神医学に対して疑問を投げかけるたくさんの本を読み、学習し、自分なりに論理を再構築して、精神薬と精神医療に対する自分の考え方を確立することができた。そしてそれが、精神薬依存からの脱却への道となった。

それを他者に無理強いはしないし、これこそが真実だと叫ぶつもりもない。ただ僕は、そうして抜け出すことができた、というだけである。

朝、テレビのワイドショーで昨日の殺人事件のニュースを見ながら、何事もなかったように平気な顔で朝食を食べて、学校や会社に出かけて行く。江戸時代の人に、

「今から200年後には、こんな映像を見ながらみんなメシを喰うのだ」

と言ったら、キ○ガイ扱いされるだろう。

人間としてまともな神経を麻痺させなければ生きていけない現代社会の中で、社会復帰できずにいる、もしくは社会に参加しようとしない精神疾患の患者や、アルコール依存症者を「ただの甘ったれだ」と、僕は断罪できない。ある意味、彼らの方が正常な場合もあるのかもしれない。

ただ、精神薬という、脳に直接作用する自然界にはない物質で感覚を麻痺させながら一生を過ごすわけにもいかないだろう。それは、酒で酔っ払ったまま一生を健康で生き切ることができないのと同じなのだ。いつか、破綻する。

必要に応じて少量の精神安定剤、睡眠剤をうまく使うことができている人もいるだろう。しかし僕がそうだったように、徐々に、あらゆる面でのパフォーマンスは落ちてくる。多くの人はそれに自分では気がつかない。

風邪薬だって、出されてもせいぜい1週間分だ。それを5年も10年も毎日飲んだらおかしくなるだろう。精神薬に限らず、年単位で体に入れ続ける薬の危険性を、世の中はもっと認識すべき時が来ている。

―第2の誕生日―

2013年4月26日は僕の第2の誕生日となった。ネット上で過激な発言を繰り返す内海医師は、今や有名人であり、支援者も多いが、批判する人も少なくない。僕が内海医師の患者であったと言うと、露骨にイヤな顔をする人もいる。

しかし僕は彼によって眼を開かれたし、彼はこういう言い方を好まないのであろうが、内海聡という人によって救われたと思っている。内海医師ほどに「本質を見抜き、何者も恐れず戦い続ける人」を、現代日本において僕は他に知らない。

禁断症状に苦しみながらも薬を完全にやめてからは、面白いように体重が落ちていった。5月に入ると遂に60キロを切った。60キロを切ったのは実に10年ぶりだった。2月の段階で80キロ近くあったのだから、約3ヶ月の間に20キロも体重が落ちたことになる。

夜は相変わらず不眠と激しい落ち込みに苦しんでいたが、幸いなことに日中は特に禁断症状のようなものは起こらず、とても好調だった。3ヶ月でいきなり20キロも体重が減った気分を想像してみてほしい。それはまるで、背中に翼が生えて自由に空が飛べるようになったような気分だった。

一夜にして20キロ軽くなったわけではないが、感覚としてはそんな感じで、まるで魔法をかけられたような気分だった。あっという間に服が合わなくなったので、僕は毎週のように服を買いに行った。今まで諦めていたブランド物のシャツやパンツにすんなり体が収まる。うれしかった。

驚くべきことに、靴も合わなくなった。ちなみに一番太っていたときの靴のサイズは26・5である。現在は25・0。靴によってはそれでも大きいことがあるが、25センチ以下になると、選択の幅がグッと狭まってしまうのが玉にキズだ。

下着から靴、ベルトまですべてのサイズが劇的に変わった。20代と同じ体重に戻り、体型が落ち着くまでの3年間、夏のTシャツから冬のコートまで、僕はたくさんの服や靴を買い直した。

徒歩3分の駅まで歩くのさえやっとだったのに、歩いて5分ほどのパン屋さんまで楽に歩けるようになった。僕らは毎朝そこまで歩き、パンを買い、外のテーブルでコーヒーを飲むのが日課になった。

ある日、帰り道で、土手につくしんぼうが生えているのを見つけた僕と妻はそれを摘んで帰り、少しだったけどお浸しにして食べた。こんな何気ない1つ1つに、僕らは回復の喜びを噛み締めていた。僕達に、やっと春が見えてきたのだ。

―高尾山登山―

5月に入って、僕は妻と高尾山に登った。標高は599メートル。1メートルまけて600メートルにしてあげればいいのに、と思うが(笑)。

東京で、ハイキング感覚で登れる山として人気の高尾山だが、ケーブルカーを使わなければ3時間ほどは歩いて登ることになる。リハビリにはちょうどいいな、と思ったのだ。つい2ヶ月前まで、太り過ぎと薬の飲み過ぎで、歩いて5分のパン屋まで歩くのが精いっぱいだった僕が、山登りをしたいと思うようになったのである。

山登りというのは、最高の減量方法であり、最良の「薬物離脱療法」だと思う。ゆったりとした、長時間の有酸素運動。きれいな空気を吸って、ゆっくりと脂肪を燃やす。汗もたっぷりかく。脂肪に蓄積した精神薬の解毒・排出に、これ以上の方法はないだろう。

僕は88キロあったときに、もしどうしても山に登らなければならなかったらどうなっていたか、と想像した。88キロの僕は、登り始めて5分もしないうちにへばって、登山道に座り込んでいたに違いない。

「登るときは、足を地面にフラットに付けて登るんだぞ」

「下山の時は、靴紐をきつく締め直せよ」

いちいち先輩ヅラして口やかましく言う僕を、妻はニコニコと笑って見ていた。いつしか、妻の顔に笑顔が戻ってきていた。

この後しばらく僕は高尾山登山に熱中した。時には、友人を誘うようにもなった。もう何年も、友達つき合いなどしたことはなかった。

何度目かの高尾山登山の時のこと。山頂に着いてふと遠くを見ると、そこに大きな虹が出ていた。僕の回復を天が祝ってくれているようで、うれしかった。僕らは黙って長い間虹を見ていた。そして、ここまで辿り着くまでの、辛く長い日々を想った。

「ねぇ、下りはケーブルカーにしない？　楽しちゃおうよ！」

僕がそう言うと、妻はうれしそうに微笑んだのだった。急に元気になった僕に、妻が必死について来ていたのがわかったからだ。元気になった僕は、人並みに人のことを気にかけられるようになっていた。

―再起をかけて湘南へ―

「すべての困難は、あなたへの贈り物を両手に抱えている」
～リチャード・バック～

2013年6月、僕は湘南・茅ヶ崎に引っ越した。海のそばに住むのは長年の夢だった。2度の離婚、アルコール依存症での入院、10年間で7回もの引っ越し……。複雑で激しかった40代が終わろうとしていた。

アルコールをやめ、薬をやめ、47歳で3度目の結婚をした僕は、「もう失敗できない」という強い気持ちで茅ヶ崎に引っ越した。海の近くに小さな一戸建てを購入し、人生の後半戦をスタートしたのだ。

薬をやめて適正な体重に戻り、元気を取り戻した。それは嘘のようなスピードで、僕は何かの魔法から解けたような気分だった。何もかもが違って見え、まるで違う世界に来たみたいだった。

離脱症状は依然続いていた。眠剤なしの夜にはまだ慣れず、時折夜中に目を覚まして不安に震え、枕に顔を押しつけて御詠歌を歌うように「うー……」と低い声で唸りながら身悶えすることはまだあった。しかしそれは以前のように何時間も続くことはなく、だんだんと短時間で治まるようになっていた。僕はいつも妻の手を握りしめて、不安をやり過ごした。

夜は離脱症状に苦しむことがあっても、日中は完全に薬を飲む前の自分に戻った。写真で見ても、それまでの虚ろな目から、表情が蘇ってきているのがわかる。僕は十数年ぶりに、「これが本当の自分だ」と感じていた。

そして僕の変化をずっと側で見ていた妻の関心は、一気に「食」へと向かった。それは僕も同じだった。人間は食べたものでできている。口から入るものが、人を良くも悪くもする。

酒と薬で悪くなったのなら「よいものを食べればもっとよくなる」と考え、食品、添加物、水など「口から入る、すべてのもの」を徹底的に吟味するようになった。地元のいろんな自然食、健康関連の勉強会や講演会、料理教室や味噌作りのワークショップなどにも積極的に夫婦で参加し、食や食品添加物について日々勉強するようになったのである。

もう何年もゴロゴロと寝てばかりいる生活をしていたので、体を動かせることが楽しく、定期的な高尾山登山に加えて、すぐ近くに海があるということもあり、サーフィンを始めた。さらに夫婦でヨガのレッスンにも通うようになった。

太っている時は、歩くこと以外に体を動かすことはほとんどなかったが、それが楽しくて仕方がなくなってきたのだ。僕の家は駅から歩くと30分近くかかるのだが、可能な限り歩くようにした。僕は「失われた40代」を取り戻すように毎日を忙しく過ごすようになったのである。

茅ヶ崎に引っ越してすぐに、近所の神社で夏祭りがあり、演奏を頼まれた僕は、仲間のミュージシャン達を誘って演奏した。祭りが終わって帰る時のこと。僕は先に自転車で来ていたので、後から歩いて来ていた妻に、

「後ろに乗りなよ」

と声を掛けた。

2人乗りなんて…とためらう妻を無理やり荷台に「横坐り」させて、僕は自転車を漕いだ。家まで、ほんの数百メートル。家に帰った妻は、

「40過ぎて、まさか2人乗りするとは思わなかったわ」

と恥ずかしそうに笑っていた。

2人乗り自体は誉められたものではないが、40過ぎて出会った2人が、ほんの一瞬、青春気分を味わえた瞬間だった。まさか、こんなに幸せな夏が来るなんて…。僕は元気になったことがとてつもなくうれしかった。もちろん、妻も同じだったに違いない。

─新幹線思考法─

こんなに元気になっても離脱症状は続いていた。断薬当初ほど酷くはないが、夜眠れない時に、何かの拍子にスイッチが入り、不安のループに吸い込まれてしまう。心拍数が上がり、僕は「うー」と唸り声をあげてベッドの中で体を丸める。僕にはもう飲む酒も、薬もない。

「深呼吸してごらんよ」

そんな時、妻は僕の手を握りながら、いつもそう言ってくれた。

深呼吸しながら、頭に他の思考を巡らせ、ただじっと時が過ぎるのを待つのだ。

こんな状態になるのは、決まって夜中に目を覚ました時だった。妻が熟睡している時は、起こしては悪いので、ゆっくりと呼吸しながら、ただ耐えていた。

ある時、もうずいぶん不安と戦っているな、どれくらい時間が経ったんだろうと時計を見ると、夜中に目を覚ましてからちょうど20分が過ぎていた。僕はふと、

「今、新横浜か……」

と思った。

30年近いミュージシャン生活で、東海道新幹線にはもう何百回も乗っている。20分というと、東京駅から新幹線に乗って新横浜までくらいの時間だ。僕には、経過時間をこんな風に東海道新幹線に置き換えて考える癖がついているのである。ダラダラと長い打ち合わせなどに出て、2時間くらい経つと、

「ああ、もう名古屋に着いちゃうよ」

などと考えてしまう。

僕は、いつ終わるともしれない離脱症状にこれを応用することにしたのだ。

「そうか。新幹線に乗ってると思ってみよう。どうせ眠れないのなら、新幹線に乗ったつもりで起きていよう」

僕は内海聡医師の、

「眠れなかったら起きてればいいんだよ」

という、身も蓋もない、シンプルなアドバイスを思い出し、ひたすら東海道新幹線に乗っている自分と、窓から見える景色をイメージした。わけのわからない不安は次々と襲ってくるし、胸がドキドキして、冷や汗が出てくるが、これも次の駅までだ。次の駅まではなんとか我慢しよう。それでダメだったら、降りればいい。つまり、起きてしまえばいいのだ。

しばらくして、時計を見ると、1時間経っている。そうか、富士山は過ぎちゃったか、でもそろそろ浜名湖が見えるな。もう少ししたら名古屋だ。名古屋なんてあっという間だ。名古屋で降りて、大好きな「山本屋」の味噌煮込みうどんを食べようか……。

覚えているのは、いつもそのあたりまでだった。名古屋は、当時の新幹線で東京からちょうど2時間。眠れない、眠れないと言いながら、結局僕は名古屋あたりで寝てしまっていたのだ。

それからは、離脱症状が出て、不安で眠れないときはいつもこの方法を利用した。ベッドに入り、目をつぶり、不安を不安のままに、ただ感じる。受け入れる。よし、これから大阪まで行くぞ。新横浜、小田原、浜松……と走る新幹線をイメージしながら、不安に抗わず、ただ新幹線の振動に身を任せるのだ。

結局僕は新大阪まで辿り着いたことはなかった。いくら眠れないと言っても、2時間もすると悩むことにも飽きて、人は寝てしまうのだということがわかった。

「羊が一匹…」

のような、原始的な方法ではあるが、僕にとってこの「新幹線思考法」は極めて有効だった。

新横浜20分、小田原40分、浜松1時間、名古屋2時間、新大阪3時間と、ざっくりとした所要時間に、富士山や浜名湖など、覚えている景色をリンクさせて、その立体的なイメージと時間経過に身を任せているうちに、いつも僕は眠ってしまっていたのである。この方法を数十回以上試みているが、結局僕は、新大阪駅まで辿り着いたことは一度もない。

――「安定」と「固定」は違うのだ！――

茅ヶ崎に来て、SUP（サップ、スタンダップパドルサーフィン）というものがあるのを知った。ロングボードよりさらに大きなボードに立って乗り、パドルを手で漕いで進むのである。見た感じは「サーフボードに乗った一寸法師」のような感じだ。これで波に乗ることもできる。これは面白そうだと思い、さっそく妻と近くのスクールでレッスンを受けてみた。

これが見るのとやるのは大違いで、なかなかボードに立つことができない。なんとか立てても、ちょっとした揺れで見事に海に転落してしまう。僕はボードに座り込み、ゆったりとクルージングする先生を見ながら、あることに気がついた。僕がガチガチになって「ボードに立とう」としているのに対して、先生は膝を柔らかくして、波の動きに合わせて、体全体をわずかに動かし続けている。

「そうか、安定と固定は違うんだ！」

僕は大発見をした気分だった。ボードの上にしっかりと立ち、体を「固定」しようとするとちょっとの揺れでバランスを崩し、海に落ちてしまう。一方で先生は、体を決して「固定」してはいない。前後左右に揺れるボードに合わせて、波のエネルギーを吸収するように体をいつも動かし続けている。

僕の不安の根底にあるものは、「漠然とした将来への不安」だった。何ひとつ保証のない、ミュージシャンという仕事。母も弟も早く亡くなり、肉親と呼べるのは山形で1人暮らししている、年老いた父だけだ。子供もいない僕は、年を取ったらどうなるのだろう。そんな不安がいつもあった。

人は必ず死ぬ。不確かな人生の中で、1つだけ確実に言えるのは「人生とは、日々、死に向かってカウントダウンし続けること」だけだ。いつか死ぬんだ、と思うと、今やっていることのすべてが無意味に思えてきて、進むべき道がわからなくなる。

しかし、人生に起こるすべての出来事は波のようなもので、次にどんな波が来るのかわからないのだから、先のことを心配しても意味がない。全員が平等にいつかは死ぬのだから、「死」は極めて自然なことで、そこを不安がっても仕方がない。その時になれば、意外と大したことないのかもしれない。高校の時、倫理社会の授業で習った、お釈迦様の教えを思い出した。

「諸行無常」

世の中のあらゆるものは変化し続けていて、変わらないものや絶対的なものは何1つない。なのに人は、自分を取り巻く環境が不変であることを望む。それが「執着」であり、それこそが「苦」の原因なのだ、という教えである。

その通りだ、と思った。高校の時に習ったことが、35年経ってやっとわかった気がした。変わり続ける世界に対して「安定」を求めることは、揺れ動く海の上に浮かぶボードの上に、体を硬直させて立つようなものなのだ。「安定」とは、変化の中にあって、同じように変化し続けることだったのだ。一見、不安定に見える動きの中にこそ、「安定」がある。ボードの上に乗せた足に釘を打ち付けて固定させるのが「安定」じゃない。

そうか、不安を解消するのをやめよう。ただ不安を感じ、身を任せるんだ。それ以外に不安を解消する方法はないのだ、と僕は悟った。新幹線と海。一見何の関係もない2つのことが、僕の中で「身を委ねる」という一点で結びついた。その日から僕は、離脱症状に対しても、

「お、来たな、離脱症状よ。まぁ、となりに座れよ。大阪まで一緒に行こうぜ」

と、気楽に受け流せるようになったのである。

いくら心拍数が上がって心臓がバクバクしても、息苦しくなっても、自殺しない限り、離脱症状で死ぬことはない。その証拠に、僕は苦しみながらも、いつもイメージの中の新幹線に乗って、新大阪に着く前には寝てしまっていた。3時間耐えるつもりでいれば、なんとかなる。

そして離脱症状は徐々に治まり、1年くらいで完全になくなった。今でも眠れない時は、この「新幹線思考法」を使っている。東北新幹線や、山形新幹線。いろんな新幹線で僕はイメージの旅をしている。こんな鉄道マニアがいてもいいだろう。

いくら不安だと言っても、すべては自分の頭の中での出来事だ。「不安」は決して殴りかかってきたりはしない。奴らは、フィジカルな攻撃はできないのだ。ドアをこじ開けて、家の中に入ってくることもできやしない。所詮は、イメージの産物だ。実体のないものを恐れても仕方がない。そして攻撃してくる不安でさえも、本当のところは自分でイメージして作り上げたものなのだ。

僕はそんな考え方ができるようになっていた。あれほど不安を恐れ、酒や薬に頼っていたのに、だ。人は変わるもんだな、と自分でも呆れるほどだが、すべては今の心境に至るまでに、必要な経験だったのだろう。もう勘弁してもらいたい経験ばかりだが。

―今の僕の1日―

野菜や農薬、食品添加物等のことを勉強して行くにつれ「自分で安心して食べられるものを作りたいな」と思うようになり、味噌作りを始めた。

今では年間かなりの量を仕込み、味噌作りとライブをセットにしたワークショップなども開催している。２０１６年の９月からは畑を借りて野菜作りも始めた。

畑仕事をしている人を見ると、のんびりやっているように見えるが、実際にやってみるとかなりの運動量である。立ったりしゃがんだりの繰り返し。いろんなものを運んだり、クワを使ったり、１時間も作業をすれば、冬でもたっぷり汗をかく。畑仕事を始めてから、それまでに行っていたヨガや筋トレなどはほとんど必要なくなった。畑仕事をしている人で、太っている人は見たことがない。

食べものも大事だが「日常生活の中に、体を使う労働を取り入れる」ということが、落ち着いた心を保つには一番大事ではないかと思う。郊外に住んでいれば、貸してくれる畑を見つけるのはそう難しくない。わずかでも「自分で食べものを作っている」というのは、精神的安定をもたらしてくれる。不安解消にはもってこいだ。

冬は4時半、夏は3時半には起きる。コンサートの翌日でも、6時前には起きている。起きたら、まずコップ一杯の水を飲む。

これを少しずつ飲みながら、水で顔を洗ったあと再びベッドに戻り、上体を起こした状態で、7時ごろまでノートパソコンでメールへの返信や原稿執筆を行う。起きて仕事に取り掛かるまで、わずか3分だ。寝ぼけたままパソコンに向かい、途中休憩しながらそのまま3時間。1日最低2時間は絶対に何かしらの文章を書くと決めているので、2時間のノルマ+メール返信などに1時間、起きるまでの3時間で最低限やらなければならない仕事は終えてしまうのだ。

3時間仕事をしても、まだ朝の7時である。どうしてもやらなければならない仕事の準備などを午前中に終えてしまえば、午後から夜までは、基本的にその日にやりたいな、と思ったことができる。サーフィンに出かけてもよし、カフェで本を読んで過ごしてもいい。

7時にちゃんと起きて、果物とスムージーで簡単な朝食を摂る。冬場はそのあとに味噌汁を飲むこともある。旅先などでは、朝は何も食べないことも多い。昼は自宅では果物と野菜サラダくらい。

外食では、そば屋に入ることが多い。そばをよく食べる山形で生まれ育ったので、子供の頃からそばは大好きだし、健康食の代名詞のように言われている、ということもある。タイ料理、インドカレーの店などにもよく行く。エスニック系の店は野菜を上手に使ったものが多く、見た目にも楽しい。普段はほとんど肉を食べないが、この手の店では鶏肉を使った料理をオーダーすることもある。

夕食は早めにしっかりと摂る。豆類、葉物野菜、麦飯や雑穀米に、自家製の味噌で作った野菜の味噌汁など。果物や野菜、豆類中心の食生活を送っている。

義務的に1日3食摂ることをやめ、早寝早起きの生活にしてからは、有効に使える時間がかなり増えた。この年になると仕事もただ頼まれたことをやるのではなく、企画・立案から任されたりすることが多くなる。見えないところでやらなければならないことがずいぶんと増える一方で、年相応につき合いも増え、「時間が足りない」と思う局面が増えてくる。

50歳を過ぎると、誰もが「自分に残された時間」をイヤでも意識するようになるが、朝4時に起きるようになってから、自分の時間が半日分くらい増えたような気がする。

外での夕食に関しては、僕はカフェなどでのライブも多いのだが、最近は僕がこういう食生活をしていることを知っていて、「まかない（お店の人が出してくれる食事）」として、果物と山盛りのサラダなどを出してもらうことも増えてきた。

フェイスブックの影響は絶大で、普段から僕は食事に関する記事をアップしているので、ある大手百貨店のハワイアンイベントに出演した時に、僕の弁当だけサラダと玄米を中心としたスペシャルメニューにしてもらったことがある。こちらから何もリクエストしていないにもかかわらず、だ。この時は本当にうれしかった。

―ロックシンガー・山口岩男、復活コンサート―

２０１７年11月23日。僕は下北沢の４４０（フォーフォーティ）というライブハウスのステージに立っていた。ウクレレプレイヤーではなく、シンガーソングライター・山口岩男としてである。キーボード、ベース、ドラムにサックスまで加えて、シンガーとしては、１９９３年以来、実に24年ぶりのフルバンドでのコンサートであった。

動員が心配だったが、当日は満員になり、立ち見も出た。名古屋や神戸、そして遠く福岡からもファンが駆けつけてくれた。ウクレレでの活動がメインだったこの20年、僕の歌が聴けなくなってしまった当時のファンが久しぶりに結集し、昔と同じ「岩男コール」で迎えてくれた。

「昔はロックンローラーだったんだぜ……」

47歳からの僕しか知らない妻に、昔の自分と同じ姿を見せることができたのが、何よりもうれしかった。

20代初めの頃と同じ体重に戻った僕は、当時と同じ27インチのブラックジーンズに革ジャンというスタイルで、若い頃と同じキーで熱唱した。当時、ファンが客席で大合唱してくれていた「開戦前夜」という曲では、あの頃と同じようにみんな大声で歌ってくれた。このバンドスタイルで最後に歌ったのは、1993年12月、新宿のパワーステーションというライブハウスだった。

あれから24年の間に、僕は母と弟を亡くし、2度離婚した。アルコール依存症になり、精神病院に入った。12年もの間、精神薬を飲み続けて一時期は寝たきりにまでなった。

あれほどいろんなことがあったのに、昔の歌を、昔のスタイルで歌っていると、このスタイルでステージに立った24年前のコンサートが、昨日のことのように思えてくる。

この24年で、目に見えるものはほとんどが変わってしまったが、見ているこちら側の自分は、何1つ変わってはいなかったのだ。

この本の始まりに出てくる、2007年12月1日の日本武道館から、ちょうど10年が経っていた。あれから僕は、多くの人に迷惑をかけてしまった。それでも変わらず今もつき合ってくれている、多くの友人たちや仕事の仲間たちに感謝したい。

そして、僕のわがままに愛想をつかして、遠ざかっていった人たちにも、心からお詫びして、いつかまた以前のように楽しくやれたらいいな、と願う。

争いや不平等に満ちた世界が僕らの人生の舞台だ。しかしそれでも、日々誰かの役に立ち、幸せを感じることはできる。かつての僕と同じように精神薬やアルコールへの依存に苦しみ、そして悩むすべての人たちにこう伝えたい。人は変われる。遅すぎるということはない。今すぐできることから始めればいい。そして今始めなければ、「その時」は永遠に来ない。

人生はいつだって、

「今、自分が立っている場所」

から、最初の一歩を踏み出すことから始まるのだから。

（完）

服用した精神薬一覧

2001年〜2013年

精神安定剤系

1、ワイパックス
2、メイラックス
3、ソラナックス
4、デパス
5、スルピリド（ドグマチール）
6、リスパダール
7、レキソタン
8、セルシン
9、セパゾン

睡眠剤系

1、マイスリー
2、レンドルミン
3、ブロバリン
4、イソミタール
5、ハルシオン
6、ドラール
7、ベンザリン
8、サイレース
9、ロヒプノール

抗うつ剤系

1、ルジオミール
2、デプロメール
3、アナフラニール
4、トリプタノール
5、アモキサン
6、パキシル
7、ジェイゾロフト
9、トレドミン
10、サインバルタ
11、リフレックス
12、エビリファイ

躁うつ病、その他

1、デパケンR
2、リーマス
3、リタリン

抗酒剤

1、シアナマイド
2、ノックビン

合計35種類

あとがき

「エピローグ〜モノクロームの夢から醒めて」

もし僕があの日、心療内科のドアを開けることがなかったら、そして精神薬を飲んでいなかったなら、今の僕はどんな暮らしをしていただろう。こうして、海の見えるカフェで、鏡のように穏やかな春の海を眺めていると、いつも精神薬でフラフラと生きていた40代の出来事の多くが夢だったような気がする。

それは白と黒だけの、モノクロームの夢だ。僕はなぜ、あれほどまでにたくさんの精神薬を飲み続けたのか。今の倍ほどまでに太り、よだれを垂らしながら虚ろな目でミストーンを連発し、仕事の約束をすっぽかし、家庭を壊した。それはなぜだったのか。

この本の前半は、僕がひたすら、自分で墓穴を深く掘り続け、勝手に落ちていった話だ。ただ落ちていっただけの話なら、人様にわざわざ貴重な時間を割いて読んでもらうこともない。しかし、僕はその穴から這い上がってきた。

岩登りに挑戦して成功する人は珍しくないが、薬物依存やアルコール依存の壁を這い上がってくる者は極めて少ない。岩登りと違い、その「勝利」は、ほとんどの場合、人に褒められることもない。たいへんな思いをして、やっと穴から這い上がってみたら、

「そこには誰もいなかった」

というケースがほとんどだからだ。

薬物依存者やアルコール依存者からは、人が去って行く。最後まで相手にしてくれるのは、病院のケースワーカーくらいなものだ。そこに誰もいないことに愕然として、孤独の中に立ちつくした依存者たちは、しばらくするとまた同じ穴に潜り込んで行く。そんな人を僕はたくさん見てきた。

「そもそも、その穴は自分の手で掘ったものじゃないか。自業自得だろ?」

そう切り捨てられた依存者たちは、また新たな「依存の穴」を掘りに行く。その穴は、

掘っても掘っても何も出てこない。それは宝探しの穴ではなくて、自分の墓穴だったことに気づいた時はもう遅い。自力で登るには、あまりに深く掘ってしまっているからだ。

そして多くの場合、下から押してくれる人も、上から引き上げてくれる人もいなくなっている。1人で登ることは、おそらくできないだろう。

肉親の死や、離婚、リストラといった、誰にでも起こりうる「人生における、シリアスなシーン」に耐えかねて、僕は精神薬を飲み、酒を飲んだ。人生のあらゆる問題に誠実に向き合おうとせず、心のセンサーの反応を鈍くして、問題をやり過ごしてきた。その結果、どんなことが起こったかは、本文に書いた通りである。そして、立ち直ることができたことも、僕が体験した通りである。薬をやめることは、できる。

「精神安定剤も眠剤も、全否定するものじゃない。うまくつき合っていけばいいんだよ」

何度かそんな風に言われたことがある。

しかし、最後にはっきりと言わせてもらう。

精神薬は、ただの1錠も飲んじゃダメだ。ただの1錠も、だ。

その1錠を飲むか飲まないかが、今後あなたの人生で起こる問題への対処の姿勢を決定する踏み絵となる。一度飲んでしまえば、そのあとも長く精神薬を飲み続けるようになる可能性が極めて高い。そして、自分に与えられた問題に真正面から向き合うことなく、薬で解決しようとするようになるだろう。そしてその繰り返しが、人生の質を落としていく。

薬をやめたおかげで、僕は人生を取り戻すことができた。その時、49歳。それが早かったのか遅かったのかはわからない。ただ僕は、「精神薬をやめてよかった」と思っているだけである。

そして僕には奇跡が起きた。自分で掘った墓穴の底で、宝物を掘り当てたのである。それが、この本である。

思いつくままに原稿を書き始めたのはいいが、どう進めてよいかわからず苦しんでいた時に出会ったグスコー出版の佐藤八郎氏には、「とにかく最後まで書き切りなさい」と励ましていただきました。あの言葉がなければ、途中で挫折していたかもしれません。

この本を世に出すためにご尽力いただいた幕内秀夫氏、大学の同級生でKライターズクラブの柳澤孝文氏に深く感謝します。精神医療のカラクリとまやかしを、厳しさを持って示してくれた内海聡医師。僕の「食」の師匠である松田麻美子先生。僕が実践している食事法でご一緒している小池美代さんにも心から感謝を。昨年お会いした「栄養学のアインシュタイン」と称される偉大な学者、コリン・キャンベル博士にも大きな励ましをいただきました。心より感謝いたします。

そして最後に、当初20万字近くもあった原稿を的確に1冊の本としてまとめてくださったユサブルの松本卓也さん、僕が穴から出るのを全身全霊で助けてくれた最愛の妻、恵里に感謝して筆を置きます。

この本が、精神薬依存に苦しむすべての人を照らす光になりますように。

2018年3月

山口岩男

参考文献一覧

1、「精神科は今日も、やりたい放題」内海聡　著　三五館（2012）

2、「この薬、こどもに使ってはいけません！」浜六郎　著　ジャパンマシニスト社（2013）

3、「肥満の医学」池田義雄　編　日本評論社（2011）

4、「のむな、危険！ 抗うつ薬・睡眠薬・安定剤・抗精神病薬の罠」北野慶　著　新評論（2015）

5、「精神科の薬がわかる本　第3版」姫井昭男　著　医学書院（2015）

6、「向精神薬・身体疾患治療薬の相互作用に関する指針（日本総合病院精神医学会治療指針5）」日本総合病院精神医学会 治療戦略検討委員会　編　星和書店（2011）

7、「薬剤師は薬を飲まない」宇多川久美子　著　廣済堂出版（2013）

8、「その「1錠」が脳をダメにする 薬剤師が教える 薬の害がわかる本」宇多川久美子　著　SBクリエイティブ（2016）

9、「睡眠薬中毒」内海聡　著　PHP研究所（2016）

10、「アルコール依存症を知る！ ―回復のためのテキスト　改訂版」森岡洋　著　アスク・ヒューマン・ケア（2013）

11、「インターネット・ゲーム依存症ネトゲからスマホまで」岡田尊司　著　文藝春秋（2014）

12、「「酒のない人生」をはじめる方法〈アルコール依存症〈回復ノート〉（1）〉」アルコール薬物問題全国市民協会　編　アスク・ヒューマン・ケア（1999）

13、「アルコール依存社会―アダルト・チルドレン論を超えて」中本新一　著　朱鷺書房（2004）

14、「大笑い！ 精神医学」内海聡 めんどぅーさ　著　三五館（2012）

15、「心の病に薬はいらない！」内海聡　著　かんき出版（2013）

16、「50代からの超健康革命―「第二の人生」を幸福に過ごすために」松田麻美子　著　グスコー出版（2004）

17、「フィット・フォー・ライフ ―健康長寿には「不滅の原則」があった！」ハーヴィー・ダイアモンド　マリリン・ダイアモンド　著　松田麻美子　訳　グスコー出版（2006）

ブックデザイン　星野ゆきお＋関 善之＋村田慧太朗 VOLARE inc.
DTP　有限会社タダ工房
帯写真　石川正勝
協　力　山口恵里

山口岩男(やまぐち・いわお)
1963年 山形県生まれ。
1989年「開戦前夜」で日本コロムビアより、シンガーソングライターとして
メジャーデビュー。
1997年頃より、ウクレレ奏者・ギタリストとして活躍。現在、
日本を代表するウクレレ奏者である。
ギタリストとしては嵐、SMAP、森山直太朗、ケツメイシなどの
コンサート・レコーディングに参加。
2001年頃より約12年間、精神薬依存とアルコール依存に苦しむ。
断薬、断酒に成功した現在は、ライブ活動と同時に精神薬の怖さや
食生活の重要性を伝える啓もう活動にも力を入れている。

山口岩男オフィシャルHP
http://iwao-breeze.com

「うつ病」が僕のアイデンティティだった
薬物依存というドロ沼からの生還

2018年4月24日初版第一刷発行

著 者 山口岩男
発行人 松本卓也
編 集 黒柳一郎
発行所 株式会社ユサブル
〒103-0014東京都中央区日本橋蛎殻町2-13-5美濃友ビル3F
電話 03-3527-3669
ユサブルホームページ http://yusabul.com
印刷所 シナノパブリッシングプレス

無断転載・複製を禁じます。

©Iwao Yamaguchi 2018 Printed in Japan.
ISBN978-4-909249-09-8

定価はカバーに表示してあります。
落丁・乱丁はお手数ですが当社までお問い合わせください。